黛安娜・庫珀 Diana Cooper／著
非語／譯

黃金未來

預言2032年
第五次元的新地球

The Golden Future
What to Expect and
How to Reach the Fifth Dimension

目錄

第一部——通向地球黃金未來的旅程

第二部——蛻變轉化：新黃金時代的生活

第三部——為第五次元預作準備

第四部——更高階的揚升工具，推動你進入黃金未來

觀想索引

第一部

通向地球黃金未來的旅程

第1章

你受邀來到地球

地球是特殊的神祕學校。這裡提供的功課和理解獨一無二。你非常幸運，有機會來到這裡。為彩虹而欣喜、細看蝴蝶、撫摸貓咪、觸碰花瓣、聞嗅花香、在溪流中划船或與孩童玩耍，這些是地球上才有的感官覺受。

當蓋亞女士（Lady Gaia）邀請你來到這裡的時候，她提醒你，地球上的生命是一次獨特的機會。要對此心懷感激。你是自願參與這次探險的靈性存有。

你得到的裝備之一是肉身體（physical body），它連結到你的情緒體（emotional body）和心智體（mental body）。你的心智、情緒、肉身是精密的反饋儀器。一切人事物透過你的靈性體（spiritual body）到來並過濾進入你的心智中。你的念頭影響你的情緒以及你的身體健康。你的情緒也反映在你的健康和身體中。期待你要關注這點。

你還配備了一支幫手團隊。畢竟，假如你正在探索外國地形，即使以前到過那裡幾次，也需要你的團隊事先偵察，幫忙你搜尋食物和住所，以及提醒你關注來此所要探索或學習的事物。

這些幫手是你的指導靈和天使，尤其是你的守護天使，祂在你的整趟靈魂旅程中一直陪伴著你。這是你通常看不見的存有，祂鼓勵你、保護你，設法指出正確的道路，安排你遇見你需要與之連結的人們，從而履行你的天命。

還有許多其他天使和大天使，祂們在你需要祂們的片刻與你同在。記得要求助，因為除非你請求，否則祂們無法協助你，因為那麼做會違反你的自由意志。

此外，你還有指導靈，祂們通常但並不總是曾經體驗過投生在地球上。隨著你在你的道路上的進展，指導靈可能會更換。舉例來說，假使你決定成為律師，某位指導靈就會來到你身邊，祂可以幫助你了解相關的法律。如果你接受培訓，要成為醫療專業人員，療癒指導靈將會協助你。你可以有好幾位指導靈。

投生在地球上被認為是體驗的聖母峰。假使你要攀登聖母峰，你需要一支優秀的雪巴人（sherpa，譯注：喜馬拉雅山脈的一個部族，時常受僱成為嚮導，協助人們攀登喜馬拉雅山）團隊。假使你請教他們，不僅能大幅提高你的旅程的價值，而且對你的旅程大有幫助。

每年你的生日當天，蓋亞女士的天使們都會為你唱頌愛之歌，再次對邀請你來到地球表示歡迎之意。祂們還會檢查你的生命藍圖是否依舊適合你。需要改變原來的設計嗎？它還能履行你投生時所抱持的願景嗎？

每一個第七年，你的「明光大天使」（overlighting arachangel）會與你的守護天使商議，看看你的使命進展如何。假使你需要支援或幫助，祂們會提供。假使你已經踏上不同的道路或進度超出預期，祂們也會提供支援或幫助。

你的靈魂選擇了你的名字，因為它具有與你的使命相映契合的特定振動。每次你的名字響起，它召來你的靈魂功課。在你的生日當天，天使們帶著莫大的愛以你的全名的振動歌唱，為的是鼓勵你。假使你的人生道路需要做出改變，這將會反映在天使聲音的振動之中。

所有這些功課、指示、經驗，全都透過你的靈性能量中心——「脈輪」（chakra）——帶給你。當我們進入第五維度（dimension，譯注：有時譯為「次元」）並建立起我們的十二個脈輪時，功課變得比較進階且更加精確。我們正在從高中轉到大學。

隨後，我將會分享你需要在每一個脈輪中理解、體驗或精通嫻熟的功課。當你精通嫻熟了十二個靈性中心的功課時，就可以在我們向前邁進至黃金未來之際，整合你的神性大師藍圖，開始帶回你的天賦和你的神性智慧。

觀想 1

與你的天使和指導靈連結

- 安靜地坐著，放輕鬆。
- 看見或感應到你的守護天使在你身邊。
- 看見或感應到有多少其他天使與你同在。
- 看見或感應到你的指導靈陪伴著你。
- 祈請你的明光大天使，看見或感應到對方與你同在。
- 擁有那麼多的幫助和指引，感覺如何呢？
- 提出任何問題，好好領會問題的答覆。

第2章

地球的黃金未來

在二〇一二年與二〇三二年之間，地球正在誕生一個新的五維「黃金時代」（Golden Age），在黃金時代期間，一切人事物將會散發出愛與智慧的金色氣場。黃金時代從二〇三二年開始，屆時，世界將會煥然一新，截然不同。

到了二〇三二年，地球與地球上的每一個人注定會是五維的（或至少在四維上層）。如何體驗這個過渡轉換取決於我們，但是地球本身將在二〇三二年完全揚升進入第五維度，無論個人是否搭乘這班揚升列車。

假使你正在閱讀這些文字，那麼你已經投生，要幫助地球實現這次過渡轉換。這是責任，也是揚升的莫大契機。

目前，

即二〇一二年至二〇三二年之間，

正是地球歷史上最重要的時期。

我們正處在一個關鍵期。

因此，聆聽並根據你的直覺採取行動非常重要。務必只聆聽正向的預測和訊息。不要提供能量給其他任何事物。當你抵達旅程的終點時，請聚焦在等候著你的新奇事物。假使你這麼做，你的氣場將會變得越來越金黃璀璨。

二〇一二至二〇三二這二十年間，一次質變將會發生。

這二十年間的某些事件是安排好的定案；舉例來說，無論全世界其他城市如何投標或競爭，二〇一二年的奧林匹克運動會始終會在倫敦舉行。倫敦是地球的「地球之星」（Earth Star）脈輪，需要奧運會的能量和雀躍才能啟動它，因為只有當個人或行星的這個脈輪覺醒時，揚升過程才可以開始。

你自己的某些經驗也是預先決定的。這些可能包括，譬如說，認識你的伴侶或旅遊至某個國家。如果某事預先注定了，那麼無論如何，它都會發生。不過，你的念頭、行動、觀想可以大大地影響你的人生旅程，包括你命中注定的關係和生命事件。

目前，你的念頭、態度、觀想
正在幫忙共同創造一個新的黃金時代。
當你為黃金未來的預測注入能量時，
你就是在以有可能最好的方式顯化新世界。

一個週期的結束

且讓我們以正確的視角看待二〇一二至二〇三二這幾年的意義。二〇一二年標示了一個宇宙「紀元」（era）兩萬六千年的結束。這也是一週期十個宇宙紀元的結束，所以它為所有宇宙終結了一「曆元」（epoch）二十六萬年。

一個「宇宙曆元」（cosmic epoch）有時候被稱作一次「神的吐息」（out-breath of God），而且這是創造的時期。後續跟著二十年「神的吸氣」（in-breath of God），此時，老舊過時崩潰、運作不了的任何東西都被拉回到「神格」（Godhead，譯注：神的性質或本質）。我們現在就在這個階段中間。在二〇三二年，新的創造吐息將會以比之前更高的頻率開始。

二十六萬年來，地球是某個四維宇宙的一部分。不過，地球本身卻是三維。在這個宇宙中的所有行星裡，只有地球下降至較低的頻率。

在這個浩瀚的曆元期間，有一千五百年，傳說中的「亞特蘭提斯的黃金時期」（Golden Era of Atlantis）崛起，宛如黑暗中的曙光。在那段時期，每一個人都是五維，而且行事基於全體的至善。那是一個知足、幸福、非凡水晶技術的時代。

然後一位強大的法師決定利用個人的力量謀取私利。他用自己的力量操控他人，於是他的低階意識迅速蔓延。人們封閉自己的心，變成以自我為中心。亞特蘭提斯的頻率迅速地退化成三維。當時提供幫助的高階存有不得不退出，因為祂們無法存取這類低階振動。內含亞特蘭提斯人之天賦的五個脈輪被收回，人類無法使用。最後，「銀河聯邦理事會」（Intergalactic Council）決定以一場大洪水終結那段時期。

在接下來的一萬年，三維的地球經歷了一場新實驗，即男性統治的實驗。

為什麼在四維宇宙中的地球是三維的呢？

地球與我們宇宙其他部分不同步的原因有二。其一是，許久以前，銀河聯邦理事會向所有行星發出召喚，看看哪一顆行星自願主辦某項獨一無二的實驗，也就是：「自由意志」的實驗。人們可以選擇到底要按照自己的神性意志還是低階意志行事。在整個「和諧宇宙」（cosmos）中，從來沒有仔細考慮過這樣的事，於是各個宇宙中的每一個存有懷著敬畏、納悶、驚奇看待這個概念。

「地球理事會」（Council for the Planet Earth）自願參加這個實驗。敢於投生的靈魂將會穿越「失憶的帷幕」（Veil of Amnesia），忘記自己是神性存有並踏入未知。

自由意志實驗的另一項協議是，每一個念頭和行動都會被記錄下來，如果一生的資產負債表是負債，靈魂同意再次投生，設法平衡自己的業力（karma）帳戶。

多年來，來自各個宇宙的存有，一直敬畏而驚奇地注視著敢於在地球上投生成為人類的勇敢探險家。凡是進入這個星球的存有都被認為異常勇敢。地球被看作是一片叢林，在此，你面對許多靈魂的挑戰。假使你在和諧宇宙中遇見某位存有得知你到過地球，對方一定會尊敬而欽佩地看著你喔！

沒有人預料到地球上的人們會沉溺於自我中心、自私自利的行為，但是我們確實樂此不疲。雖然這個宇宙的其餘部分依舊敞開心扉且保持四維，但地球上的頻率卻下降了。

地球落後的第二個原因是：在三維的空間，你的太陽神經叢脈輪伸出觸角，留意危險，而且透過這個心靈中心，你也吸收他人的恐懼。因為地球是這個宇宙的太陽神經叢脈輪，所以我們的星球吸收著這整個宇宙的恐懼。我們必須蛻變這一切，而且這點一直使我們停滯不前。

因為我們落後了，所以在新的黃金時代誕生期間，我們吸引著來自這個宇宙的大量幫助。那就好像正要被誕生出來的嬰兒卡住了，需要額外的協助。偉大的「啟明大師」、天使存有、智者們，現在正在將祂們的光芒和能量集中在地球上。我們可以向祂們求助，讓新的黃金時代依據「神性時機」（divine timing）誕生出來。

二〇一二至二〇三二之間的二十年，
在地球的歷史上是獨一無二的。
從來沒有像這樣的體驗或機會。
你現在已經投生轉世，為的是在全新的宇宙週期中，
協助誕生一個五維的黃金時代。

時間框架

結束一個紀元並開始下一紀元的準備工作，類似於離開某棟房子並搬到更大間的房

子。規劃、決定什麼該扔掉和什麼該帶走、打包、籌備新家，這一切早在搬家之前就開始了。地球在二〇一二年之前開始的時間線如下。

一九八七年：和諧匯聚（Harmonic Convergence）

一九八七年八月二十五日當天，一次行星連珠啟動了為期二十五年的提純淨化期，為二〇一二年預作準備。為了促進這點，聖哲曼（St Germain）與大天使薩基爾（Archangel Zadkeil）合作，將「蛻變的紫羅蘭火焰」（Violet Flame of Transmutation）歸還給我們使用。

二〇一二年

這一年標示了一次「神的吐息」預定結束。這是十個宇宙紀元週期（二十六萬年）的結束。在二〇一二年十二月二十一日十一點十一分，有一次神性暫停，被稱作「宇宙時刻」（Cosmic Moment）。「本源」（Source）能量觸動了地球上以及這個宇宙和每一個其他宇宙中每一個行星、恆星，或星系上每一個存有的心。

在那個瞬間，整個和諧宇宙觸發了一次「神的吸氣」，開始了過渡到更高頻率的二十年歷程。這個宇宙與每一個其他宇宙中的每一個行星、恆星、星系都開始揚升到更高的維度，於是新的宇宙曆元被引動了。

與此同時，三十三扇分布在地球各處承載著基督之光的「宇宙能量之門」（**cosmic portal**）開始開啟，散發著高頻能量，好讓這個世界預作準備，迎接新的黃金時代。許多其他的能量之門和金字塔也甦醒了。

從這個「宇宙時刻」開始，這整個宇宙有二十年時間可以清出與低階振動有關聯的任何事物並擁抱五維。因為基於我提到過的原因，地球上的我們落後了，我們只有二十年時間可以做出從三維到五維的雙維轉換。以前從來沒有發生過這樣的事，於是濃縮方案開始！

二〇一七年

二〇一七年，地球的滌淨進一步加強。下令這將由元素們完成，因此持續五年，洪水、地震、颶風、野火加劇。這是為了清理一袋袋的負面性，解放「地脈」（**ley line**，或譯「雷伊線」、「靈脈」，指地球各代歷史建築與重要地標畫出的對齊直線，有人相信這是地球的能量線），消融掉使我們無法與地球的純粹生命力相連的業力。

二〇二二年

這是重大提純淨化的最後一年，所以元素們造成的極端行為事件現在應該會平靜下來。二〇二三年初的土耳其和敘利亞地震注定是最後一場毀滅性的地震。儘管相當紛亂，但老舊的三維範型終將崩潰，比較樂觀的感覺將會蔓延。走路時，我們即將開始透過雙腳腳底汲取潔淨的能量以及蓋亞女士的愛。這將會大大地改變我們的感受。

二〇二二年，善於操控的土星統治時期結束，比較豐盛且遼闊的木星變得更有影響力。

隨著世界各地的公民領悟到我們曾經如何被操縱，人民力量和群眾騷亂開始改變地球上的控制平衡。

二〇二三年至二〇三二年

在二〇二三年至二〇三二年之間，世界將會開始展望新的黃金時代。清新的點子和計畫將會由人民為人民落實到位。

二〇三二年，整個宇宙的新藍圖
一定會被啟動，
那將會促使下一個黃金時代抵達更高的頻率
勝過亞特蘭提斯的黃金時代。

理想的地球人口

最理想的地球人口是二十億。目前有八十億。靈魂的大量湧入有其靈性原因。因為這是二十六萬年宇宙週期的結束，「本源」特許，讓業力尚待解決的所有靈魂現在返回地球，設法完成業力。

數以百萬計有著沉重業債待償的靈魂利用了這一次契機。不過，當進入地球並穿越「失憶的帷幕」時，我們忘記自己的起源與神性連結。我們也忘記自己的靈魂契約與人生使命。許多返回地球設法彌補以前罪行的靈魂忘記了這點，現在他們又故態復萌，製造著問題。

與此同時，數以百萬計的光之工作者（lightworker）已經投生地球，為的是催生這個令人敬畏的黃金時代。

> 每一位光之工作者的目標
> 是在這個關鍵時期
> 幫助盡可能多的人們揚升到光之中。

到了二〇三二年，無論人們如何決定和行動，蓋亞都將是全然五維。在那個日期之前，靈性尚未覺醒及尚未敞開心扉的人們，將會選擇返回到內在層面或移動到另外一個三維層面，在那裡，他們可以繼續體驗感情大戲。地球上的人口將會大幅減少。

為新的黃金時代投生轉世的孩子們，頻率將會高出許多，他們準備就緒，要將我們的星球帶到以前從未探索過的高度。

觀想 2

生活在黃金未來中

- 花點時間放輕鬆。

- 想像一個人人快樂健康的世界。
- 人人心滿意足，因為他們在靈魂層次感到充實滿意。
- 世界各地的人們互助合作、彼此照顧。
- 人人有份。
- 我們尊重彼此的種族和宗教。
- 土地本身純淨而閃亮。
- 我們每天從地球汲取潔淨的能量，呼吸純淨的空氣。
- 這是我們正在邁入的新黃金時代。
- 像這樣生活感覺如何呢？

第3章

地球上現在正在發生什麼事？

你安裝過新廚房嗎？假使安裝過，可能記得所有舊櫥櫃被打掉、到處灰塵和污垢的感覺。而且因為新廚房會比舊廚房大上許多，所以在擴建時，牆壁也被拆除掉。你可能會納悶，為什麼要讓自己經歷這一切啊！

但是當你想到即將到來的美麗廚房時，這賜予你繼續前進的能量和動力。不久你將會擁有一間十分閃亮、寬敞、全新的廚房。它會比舊廚房好上許多，當新廚房就位時，你可能會納悶，你怎麼能跟那間過時的廚房一起生活了那麼久。

雖然規劃和安裝新廚房只需要幾週時間，但是地球從三維移動到五維範型卻需要好幾年，當然還有拆除生活方式和建設新世界帶來的挑戰。根深柢固的勢力不希望改變。他們感應到地球上的頻率現在正不可阻擋地上升，因為光總是越變越亮，因此他們正設法加緊掌控，而這正在製造分裂。不過，一旦人類的頻率高於目前的情境，紛亂與操控必會消失。

光之工作者正在被要求
要抱持全新的願景，
且無論如何都要保持自己的光芒輝煌閃耀。

新冠肺炎的目的

有趣的是，世界上的多數政府都預料到這場流行全世界的傳染病。計畫落實到位，但卻沒有付諸行動。靈性上，這是因為這個世界需要新冠肺炎（Covid）作為超越老舊方式的加速劑。這場疫情製造了遍及全球的紛亂與破壞，加速老舊範型的崩解。在它爆發之前，我還在納悶，在旅行、教育、政府、商業、經濟、銀行業、健康、農業等等方面的改變預測，怎麼有可能在二〇三二年之前發生。然後突然之間，這一切全都迅速地發生著。正在蛻變轉化的不只是物質世界——人類的覺醒也正出現在我們眼前。

我的朋友提姆．惠爾德（Tim Whild）感染了一陣子難受的新冠病毒。他告訴我，他的體驗使他開始調頻聆聽新冠病毒實體並與之交談。他原本期待某個暗黑存有會出現。結果，出現的卻是粉紅、白、黃三色的美麗天使。天使告訴他，病毒進入你體內，為的是清出低階振動，以及你需要從你的肉身體、心智體、情緒體或靈性體中釋放掉的任何東西。

在靈性層次，Delta變異株是關於清理心輪。人們著實地咳出老舊能量。Omicron變異株往往伴隨頭痛欲裂，那是在清理心智體。每次有人說Omicron時，他們都會以Om開頭，那是在召請「本源」或這個宇宙，然後說「我」或「自我」，接著是cron。cron是源自「王冠」（crown）的古字，而且「神聖女性」（Divine Feminine）智慧來自「頂輪」（the crown，譯注：英文與王冠同字）。因此，每次你想到Omicron或用語言表達它的時候，都是召請「本源」能量進入自己體內，增強你的「神聖女性」智慧。

新冠肺炎有某個更高的目的。
它是提升地球頻率的一部分計畫。
這場疫情促使數以百萬計的靈魂覺醒。

新冠大流行期間，成千上萬的人們死亡。在最後的服務行動中，幾乎所有這些靈魂都選擇了帶走老舊範型中某些卡住的能量，以便從地球的能量場中清除掉這類能量。

並不是每一個人都這樣看待新冠肺炎，但是許多年前，我的指導靈庫彌卡（Kumeka）告訴我，不要賦予陰謀論任何能量，因為它們來自某個暗黑基地。它們是真是假並不重要。當前，虛假消息、陰謀論、謊言、有問題的行為廣泛流傳。它們使我們大家偏離正途。

要聚焦在奇妙的新事物
那不久將會成為我們的實相。

二〇二二年，我們全都被迫要關注自己的直覺。以前信賴的公司和組織不再可靠。

我們現在必須信任自己的直覺。

地球的全新五維藍圖是什麼？

舊世界與我們正在創造的新世界之間存在極大的差異。而且差異不只是這個星球。這個宇宙中的每一個恆星和行星都在經歷升級至更高的維度。光之工作者已經投生轉世，為的是協助整個宇宙歷經這個蛻變轉化的歷程。幫忙建立地球與這個宇宙中所有恆星、行星、星系之間的高頻通信網絡很重要。假使沒有人類的協助，這點無法完成。這是宇宙服務工作的重要一環。

在二〇三二年，為這個星球和這個宇宙制定的全新五維藍圖將會落實到位。

目前為止，我們一直集體住在一間邋遢的三維小房子裡。然而，我們身邊的房子正在被拆除，好讓一間華美的五維豪宅可以在二〇三二年開始興建。拆除過程持續到二〇二三年。然後我們有九年時間把場地準備好，讓建設工作可以開始。在此期間，我們有機會好好研究這位建築師的計畫並做好適當的準備。

清理場地並訂購建築材料（為新藍圖預作準備）的最佳方法是以五維的方式生活。每一個五維的念頭、字詞或行動都在為黃金未來創造建築用磚。然後一旦行星能量對了，新事物就可以輕易地顯化出來。

銀河聯邦理事會已經授予了規劃許可，批准地球下一階段的發展。

正如你的五維自我的個人基礎是你的「地球之星」脈輪，黃金未來的支撐也是人類集體的「地球之星」脈輪。當足夠多的人們錨定並打開他們的「地球之星」脈輪時，五維黃金未來的基礎就會出現。這一定需要時間，但是你可以用下述觀想幫忙實踐：

觀想 3

地球的五維藍圖

- 花點時間放輕鬆。
- 想像你正生活在平靜與和諧之中。
- 你正在表達你的創造力，感覺到莫大的靈魂滿足。

- 你正在擔任世界的指路明燈。
- 你正在憶起你的神性本質與連結。
- 你與你的靈魂家族一起生活在一個小社區。
- 一切在當地種植、生長，你的所有需求均得到滿足。
- 人人誠實且值得信賴，因此人人自由地分享。
- 在社區內，你們彼此關懷。
- 剛出生的孩子有十二股相連而活躍的DNA（去氧核糖核酸）。
- 每一個人都有自己各就各位的十二個脈輪，而且這些脈輪正在被啟動。
- 感應到你的身體從以碳為基底的身體轉變成健康、有活力的水晶狀身體。
- 地球的五維藍圖正在將天堂帶到人間。

第4章

協商通向二〇三二年的道路

地球上多餘的三維範型現在正在被掃除。不為至善服務的老舊經濟、保健、教育、商業、金融結構目前正在升級。

人類再一次開始要求公平。

越來越多的人們正在引進他們的五維脈輪，這將會戲劇性地改變一切。舉例來說，隨著人類的臍輪（navel chakra）打開，世界各地的人們將會尋求平等與合一。世界各地的個人將會重拾自己的權威。結果，人民的力量必會掃除根深柢固的政權、制度、犯罪手法（modi operandi）。當十二個脈輪中只有一個脈輪確立時，就會發生諸如此類的事。

能量重新平衡

我們現在看見女性能量的回歸。沒有女性的平衡智慧與滋養，失控的男性能量很危險。沒有男性的力量，女性能量效果不彰。我們需要平衡。

我們剛剛經歷了一萬年的男性統治。這是怎麼發生的呢？亞特蘭提斯的宇宙時代預計持續二十六萬年，期間嘗試了五次實驗，都失敗了。當亞特蘭提斯大陸因為第五次（即最後一次）實驗沉沒時，這個時代還剩下一萬年。「銀河聯邦理事會」提議對地球進行一項新實驗。如果男性能量盛行，會發生什麼事情呢？

男性同意擔任主宰的角色，女性則放棄自己的力量。結果就是我們經歷過的三維體驗。它影響了生命的各個層面——家庭關係、滿足感、教育、社會、健康、商業、和平等等。

但是現在，舊實驗的時間快用完了。世界各地的女性逐漸開始靠自己的力量站穩，儘管在許多地方，老舊方式已然根深柢固，需要更多的動盪才能帶來平衡。

儘管如此，到了二〇三二年，

男性和女性將會再次

相互支持、相輔相成。
結果將是和平、知足、安全感、愛的綻放，
以及人人為共同的利益而努力。

一個確切的類比是完美平衡、有智慧的父母。想像一下，你有一位感到安全和被愛的母親，因此她始終慈愛、滋養、關懷、善於支持。她看見你的美和你的最佳品質，而且不斷地提醒你這一切。她信任自己的直覺。

而你的父親慈愛、堅強、善於保護、以你為榮、善於支持、可靠、條理分明。他們共同做出切合實際、有智慧、正向的決定。

沒有人有過如此完美的父母。不過，我們可以開始在內部建構他們。我們可以聆聽他們的聲音，根據他們的明智指引行事。越多人能夠創造出有智慧的內在父母，我們就越容易過渡轉型到黃金未來。

有了明智的內在父母，你的內在小孩感覺到平衡、安全、被愛。這是黃金未來的能量。

經濟重新平衡

合一的臍輪

在亞特蘭提斯的黃金時期，每一個人的臍輪都散發出明亮的橙色，具有合一、合作、行動基於全體利益的品質。這個五維脈輪在亞特蘭提斯隕落時被收回，因為它在三維意識中並不可行。現在，隨著越來越多的人們再次錨定並啟動自己的臍輪，建構在金字塔基礎上的企業將會自動崩解。我們已經開始看見銀行、保險公司、超市、連鎖店不可避免地衰退，讓路給好上許多的新事物。

臍輪保有合一與高階「神聖男性」（Divine Masculine，包括力量、行事公平、合乎邏輯、決策基於至善）能量的密碼。與此同時，它得到包含高階智慧、慈悲、愛的「神聖女性」平衡。這意謂著，隨著我們邁向二〇三二年，世界各地將會自動地邁向公平公正。人們必會開始做出支持平等與團結的決策。目前，人們已經開始質疑購買在血汗工廠製作的廉價衣服或穿越半個地球的水果是否符合誠信廉正。這些商業實務將在二〇三二年之前完全停止。因此，經濟以出口為基礎的國家必須保持有彈性且充滿關懷地運作，才能支持其人民。

帶出新的經濟結構

人類的大規模覺醒將會確保這個世界不久便進入經濟平衡。我們正不可阻擋地邁向不一樣的金融結構，屆時，全體將會共享平等與豐盛。

目前的許多事情都有助於清理老舊，推陳出新，使新東西在二〇三二年就位：

- 上升的頻率正在觸動內心與頭腦，開始將不平等的金字塔扁平化。
- 越來越多有勇氣的靈魂，從弊端揭發者到真理探尋者，正在積極地揭露有缺陷的做法，而他們本身也往往付出巨大的代價。
- 隨著目前大眾接納的經濟實務的帷幕逐漸被拉開，震驚的公民們強烈要求更高品質的領導力。很快地，當地球的意識正確時，誠信正直的人們將會挺身而出，以身作則並鼓舞人心。在二〇三二年之後，世界不會有領導者，因為每一個人都會主張個人的權威。在新的「矩陣」（matrix，譯注：或譯為「母體」）中，由於沒有小我（ego）而且渴望為至善作出貢獻，這將是有可能的。
- 意識的提升意謂著貧富之間的巨大差異不再被容忍，將會出現廣泛的抗議活動。受到擴展的木星影響，在許多國家境內，群眾已經開始為自由和公平而遊行示威。
- 替代形式的貨幣將會起起伏伏，但這些也將在新的黃金時代到來之前消失。

• 促成改變的最大因素是世界各國的經濟開始崩解。燃料成本以及運輸貨物遍及世界各地對生態造成的衝擊，正在腐蝕國際貿易，國際貿易很快將不再可行或在道德上不再可接受。這將會大大地影響我們目前的生活方式，而且除非大家共同努力，否則必會歷經一段艱難期。

社區中心、共享機制、
合作社、另類的生活方式已大量湧現。
這些草根經濟運動
將會滋長和蔓延。

社群和國家越是團結起來，
為全體（無論貧富）的至善
作出抉擇，
經濟的過渡轉型就會越容易。

下一步進展

隨著我們一萬年來仰賴的經濟結構被不斷上升的振動所沖垮，個人、社區、國家將不得不變成自給自足。對某些人來說，這會是苦苦掙扎，但是隨著社區為共同利益而合作努力，這一步將會使我們全體團結在一起。

對於小我投注於物質商品的人們來說，這些轉換將會是挑戰，同時滿足感來自於大自然或服務的人們將會隨著這些改變流動。

將會有越來越多的商品被以物易物、共享或免費給予。目前這種方式已在慈善商店、市場、互換機制中日漸盛行。

合作社與自助團體將會蓬勃發展。

最終，新意識的浪潮將會澈底地掃除掉老舊的經濟結構。

保險退場

地球靠火災、地震、火山爆發、颶風、洪水、意外災害滌淨，給保險公司帶來巨大的打擊。當保險公司再也無法生存時，我們只能在需要的時候仰賴互相幫助。支援方案會被建立起來，由於全體相互扶持，這將會產生一種社群感和安全感。

在新的黃金時代，意識將會截然不同。相互支持、信任宇宙、知道我們的需求必會得到滿足，將使我們能夠邁入全然不同的場景，屆時，保險難以想像，也不被需要。

邁向和平

由於人類的頻率不可阻擋地上升，到了二〇三二年，我們將會邁向世界和平。每次你選擇和平的回應而不是交戰的回應，你就是在幫忙推動這個進程。我們每一個人都可以造就不同。

振動高於亞特蘭提斯

新的黃金時代的振動將會高於黃金時期的亞特蘭提斯，因為亞特蘭提斯人達到了五維意識，而地球本身當時卻是三維。在我們的黃金未來，我們將會體驗到由五維行星支持的五維意識。我們的天賦、力量、成就將會超出我們最瘋狂的想像。然而我們正不可避免地朝著這個方向前進。新的黃金時代是安排好的定案。它一定會出現。

當你擁有力量與天賦時

- 花點時間，放輕鬆。
- 設想男人和女人彼此推崇、相互尊重、相互支持的世界。每一個人的行為舉止均基於至善且來自最深層的智慧。
- 想像你擁有莫大的力量和天賦，而且正在利用它們實現共同的利益。
- 你從事什麼工作呢？這感覺如何呢？

第5章

二〇三二年的宇宙事件

就我們目前的理解力而言，二〇三二年之後的未來實在難以想像。不過，我們還是可以理解某些事物。某些是預先決定的。

當我們的星球於二〇三二年完全揚升至五維的時候，它將會推動每一個人類和動物達到更高的頻率。

二〇三二年預定發生的宇宙事件

我們觸及純粹的愛

中空地球（hollow Earth）是我們星球中心的七維脈輪。光從居住在這裡的浩瀚天使蓋亞女士的心臟流出，流入地球的心輪格拉斯頓柏立（Glastonbury）。從那裡，有一扇能量之門通向金星，金星是耶穌在世時錨定和啟動的「宇宙之心」（Cosmic Heart）。到了二〇三二年，蓋亞女士的心、格拉斯頓柏立的地球之心、金星三者將會連成一氣，因此它們之間會有一條清晰的通道，而且超越通向「本源」。這將會使人類能夠觸及更高品質的愛。地球上的每一個存有將會體驗到被愛感和歸屬感。博愛（universal love）將會觸動我們。

行星間相互通信交流

就跟地球一樣，這個宇宙中的每一個行星、恆星、星系都有一個七維的中空中心，那是行星、恆星、星系的心輪。到了二〇三二年，所有行星與恆星的心輪將會連結起來，大家開始通信交流。這是一個持續的過程，開始於二〇一二年的「宇宙時刻」，當時地球的昆達里尼（kundalini，譯注：見〈詞彙表〉）開始上升，將我們重新連結到這個恆星世界。到了二〇三二年，這將會促使博愛、和平、由衷的喜悅能夠傳遍整個和諧宇宙。

當這個巨大的宇宙之心被啟動時，我們許多人將能夠與來自其他恆星系統的存有溝通交流，接收他們的先進知識以及他們的智慧。雖然某些個人已經從星際存有那裡接收心靈感應資訊和下載資料一段時間了，但是未來將會變成大家普遍有能力這麼做。我們將會開始接收來自諸恆星的知識與智慧。

當這種情況發生時，即二〇三二年之後不久，國際的和平與合作將會遍及整個地球。對地球的宇宙進步來說，這點非常重要。當這情況建立起來時，所有國家將會開始基於全體的至善共同努力。

中國境內的純愛能量之門開啟

當國際的和平與合作顯示，地球與地球上的一切都是五維的時候，「紫水晶骷髏頭」（Amethyst Skull）將會開始釋放它的光芒，紫水晶骷髏頭保有十二個亞特蘭提斯白水晶骷髏頭的資訊，目前已被非物質化且保存在內在層面。（關於這方面的更多資訊，請見下一章。）

同時，在中國境內的美麗山脈中，一扇特殊的能量之門（內含鑽石白色的愛的頻率）將會逐漸開啟。然後，最難以置信的真愛和純愛能量將會大量湧入我們的星球，以前所未有的方式轉化我們。由於打開大眾的高階心，它將會把我們全體帶進五維意識。

從那時候起，世界各地的人們將能夠調頻聆聽紫水晶骷髏頭，下載許多神聖的資訊。

所有能量之門完全敞開

引入基督之光的三十三扇「宇宙能量之門」於二〇一二年開始覺醒。從那時候開始，它們便一直緩緩開啟。到了二〇三二年，幾乎所有宇宙能量之門將會完全大開，而且將會輻射出純白色基督之愛的最高頻率。這必會好好沐浴地球上的每一個人。在二〇三二年之前的這幾年，我們越常祈請基督之光，到時候就越能夠吸收基督之光。

二〇一二年，世界各地數以百萬計的能量之門、水晶陣、神聖石圈被開啟了。到了二〇三二年，大部分將會全然發光，照亮廣大鄰近的每一個人。屆時，寶石的礦層，也就是大天使們的物質化能量，將會活躍起來，照耀出相應的大天使品質。想像一下，住在一座內含大天使拉斐爾（**Archangel Raphael**）祖母綠礦層的山脈附近，散播著豐盛意識以及較高的療癒啊！曾被安置在水晶內的每一樁靈性典禮、儀式或事件的能量，將會變得唾手可得。數十億大大小小的水晶目前仍然等待著正式上線，將要傳播光之密碼。

麥達昶立方體在能量上團聚

地球、海王星、天狼星（Sirius）、昴宿星團（Pleiades）、獵戶座（Orion）全都一起揚升且緊密相連。這五個宇宙存在體象徵性地體現「宇宙級麥達昶立方體」（Universal Metatron Cube），而且將於二〇三二年在能量上團聚。

這意謂著，海王星、天狼星、昴宿星團、獵戶座，將不會再以磁力將我們拉升到它們的頻率。取而代之的是，我們全體將會合拍合調，在純白的「本源」之愛的世界中共同努力。

超乎想像的饋贈降臨

這些重大的宇宙事件將會塑造地球的五維未來，而且將會觸發世界和平與國際合作。一旦這點達成，地球將會發出吸引巨大豐盛的五維能量。這將會以許多種形式降臨。

世界和平

- 花點時間，設想整個世界和平，所有國家共同努力。
- 觀想新技術正在被下載，好讓大家可以共享。
- 看見世界找到種植糧食、淨化水、從現在尚未出現的能源取得免費生態動力的新方法。
- 想像我們所有人都能夠以令人驚歎的速度安全地旅行。
- 感應到黃金未來的美妙幸福、創造力、靈魂心滿意足。
- 想像地球被金色的氣場包圍住。

第6章
宇宙級金字塔與水晶骷髏頭的影響

金字塔是計算機。在亞特蘭提斯隕落之後，最初建造的六座宇宙級金字塔分別在希臘、西藏、美索不達米亞（譯注：西亞的兩河流域，位於今日歐、亞、非三洲的交界區）、埃及、中美洲、秘魯。位於美索不達米亞、希臘、西藏、秘魯的金字塔在物質上已被摧毀，但是在能量上，它們依舊活躍。它們用高階的宇宙知識編程過。它們還被預設成可以啟動各種能量之門、水晶、地球的昆達里尼，讓我們為黃金未來預作準備。

當亞特蘭提斯隕落時，六位大祭司和高階女祭司隨身攜帶了建造這些宇宙級計算機的知識和智慧。這六位大祭司和高階女祭司分別是：

- **阿波羅**與大天使麥可（Archangel Michael）合作，建造了位於美索不達米亞（今伊拉克境內）的金字塔。它被編程為要將整個和諧宇宙帶進五維的和諧之中。自由是和諧的本質，而這股純淨的能量已經攪動了居住在中東地區的人民進而解放自己，而且現在正在將其影響力擴散到全球，好讓世界各地的人們在黃金未來中可以自由自在。

對自由的渴望
目前正在攪動群眾騷亂。

- **波賽頓**（Poseidon）在大天使拉斐爾的監督下，在希臘創造了一座金字塔。這座金字塔被地震摧毀後，在原址上建造了帕德嫩神廟（Parthenon）。波賽頓對種種自然的療癒形式有著深刻的理解，包括身心連結。關於恆星及它們對潮汐和植物生長的影響，祂也非常了解。所有這類資訊和智慧都被安置在祂的金字塔中，將會確保希臘成為返回自然療法的主導力量。
- **宙斯**與大天使克里斯蒂爾（Archangel Christiel）契合相映，監督西藏金字塔的建造。祂的使命是促使人們進入寂靜以及散布和平與和諧。這將使我們能夠培養慈悲、愛、無害的品質。來自西藏的這座金字塔的光，將會在黃金未來帶著和平與合一觸動每一個人的心。
- **托特**（Thoth）與大天使麥可合作，建造了位於秘魯的金字塔。祂教導我們理解如何正確地使用能量，而且這類知識被編程進入這座金字塔，好讓我們在黃金未來時，能夠將一切帶入和諧與契合相映。
- **阿芙蘿黛蒂**（Aphrodite）與大天使夏彌爾（Archangel Chamuel）合作，創建了墨西哥境內的馬雅金字塔。由於阿芙蘿黛蒂源自於金星，她的金字塔是用純愛與先進的天文學和數學編碼的，保有使人們能夠連結到自己的神性自我、從而找到自我價值並真正愛自己的鑰匙。蘊藏在這座金字塔內的能量，已經使人們能夠擷取自己的神性藍圖與地球的神性藍圖。它將會幫助推動每一個人進入第五維度。

- **拉（Ra）**與大天使麥達昶（**Archangel Metatron**）合作，監督埃及境內金字塔的建造。來自七維的光以尖點朝下的三角形向下來到地球，同時來自地球的光以尖點朝上的三角形向上抵達靈性世界。這些共同形成一顆六芒星。這個宇宙符號被錨定在路克索（**Luxor**）的金字塔上，將地球帶到天堂且將天堂帶到地球。

水晶骷髏頭

在黃金時期，亞特蘭提斯被分成十二區，每一區由一位大祭司或高階女祭司監管。最初的十二位大祭司或高階女祭司是托特、愛希絲（**Isis**）、荷魯斯（**Horus**）、拉、賽特（**Sett**）、印和闐（**Imhotep**）、赫密士（**Hermes**）、宙斯、阿芙蘿黛蒂、阿波羅、波賽頓、希拉（**Hera**）。

隨著頻率提升，需要更多已進化的大祭司和高階女祭司，因此新的大祭司和高階女祭司取代了祂們的位置，但是當亞特蘭提斯的實驗崩潰時，開創黃金時代的十二位大祭司和高階女祭司又回來了。祂們的使命是帶領倖存者去到經過特別準備的世界新地方。

托特、愛希絲、荷魯斯、拉、賽特、印和闐後來成為埃及神明，同時赫密士、宙斯、阿芙蘿黛蒂、阿波羅、波賽頓、希拉則成為希臘神明。祂們每一位都運用先進的心智操控和聲音創建了一臺先進的水晶計算機，為未來的文明保存了祂們部族的所有資訊和智慧。創建這些計算機的決定是由大祭司和高階女祭司與銀河聯邦理事會協商後做出的。由銀河聯邦理事會決定應該將這些計算機製作成人類頭骨的形狀和大小，代表人類的思想力量和意識。於是，這些計算機就是十二顆水晶骷髏頭，它們是在黃金未來要來幫助我們的遺產。

有一段時間，水晶骷髏頭被收藏在各區的神廟之中，由神廟的女祭司們看管。意圖是：當一個人類足夠聖潔，可以調頻聆聽骷髏頭的時候，就會允許連結發生。它也會送出磁脈衝給那些個人，刺激那份鏈結，這點目前在能量上逐漸顯現。

紫水晶骷髏頭

在亞特蘭提斯最終崩潰之前，有一場盛大的典禮。銀河聯邦理事會的代表以及許多

「光之理事會」（Council of Light）的代表都出席了。這個事件被認為具有極其重大的宇宙重要性，因此天琴座（Lyra）、土星、獵戶座、昴宿星團、天狼星、木星、金星、仙女座（Andromeda）和其他恆星、行星、星系都派出存有前來獻上光彩和祝福。

所有大祭司和高階女祭司拿著自己的水晶骷髏頭，兩側是其神廟的男女祭司們，在這場典禮中，來自每一顆骷髏頭的所有資訊都被轉移到一顆光輝燦爛的「紫水晶骷髏頭」，通常被稱作第十三顆骷髏頭。

就在大洪水吞沒亞特蘭提斯之前，女祭司們從神廟中取出了那些水晶骷髏頭，藏在新的地點。

紫水晶骷髏頭被安置在由「獅身人面像」（the Sphinx）負責的地方，獅身人面像是地球純淨而強大的守護者，其能量從一開始就一直在地球上。獅身人面像最初在地球周圍設置了一圈保護力場，但是人類將其力量消耗至百分之二，導致保護力場再也無法履行其目的。因此，長久以來，地球一直很容易受到外來勢力的影響，就好像一個人的氣場薄弱或不存在，但是隨著我們變得比較靈性，我們的能量將會為獅身人面像重新充電。保護力場目前已經達到了最初強度的三二%，但是要到二〇五〇年之後才會完全發揮作用。

吉薩（Giza）高地上的獅身人面雕像代表獅身人面像的能量。它連結到火星的揚升面向「奈潔雷」（Nigellay），也就是五維的和平戰士。

當所有十二顆骷髏頭都出現且我們的頻率準備就緒時，獅身人面像將會釋放紫水晶骷髏頭。當獅身人面像的能量之門打開時，它將會運用和平能量對世界產生巨大的影響。

觀想 6

連結紫水晶骷髏頭

- 舒舒服服地呼吸一會兒。
- 想像世界完全和平，人人散發著柔和的金色氣場。
- 觀想紫水晶骷髏頭光輝燦爛地安置在獅身人面像的兩個前爪之間。
- 它正在向世界各地發送一道道無害與和平的白光和金光。
- 然後更仔細地觀察，發現它正在向這個宇宙中的每一個恆星、行星、星系散發一道道無害與和平的光芒。
- 看見或感應到地球的氣場變得更為強大、更加金黃璀璨。

第二部

蛻變轉化：新黃金時代的生活

第7章

生活在第五次元

在五維的意識中，沒有小我，因此沒有優於別人的個人志向或渴望。當我們不涉入權力鬥爭、欲望或野心時，所有為了證明自己而消耗的能量都可以用於創造，於是煥發著健康以及好好表達帶給我們喜悅的不管什麼事物。我們樂於運用那股能量造就全體的更大福祉。隨著各地的頻率提升，更多的人們將會自然而然地有這樣的感覺，那將會創造出契合相映與內在和平的奇妙感。

假使你從不設法向你的父母、上司、家族、鄰居乃至（更重要的）你自己，證明自己，你會有多少唾手可得的能量呢？許多人認定，我們需要努力工作、具競爭力、努力做得更好，才能謀生或養家糊口。我們相信，需要更高的薪水才能為子女購買更寬敞的房子。若要假期更美好，大車子必不可少。我們總是可以證明操縱與努力正當合理。但是以下這句話頗為驚人：

當你的意識是五維的時候，
你自然而地吸引豐盛。

豐盛

隨著人類成為五維，我們將會從宇宙中吸引難以置信的豐盛。這意謂著，充足的營養食品、支持我們的科技、無限的生態和免費的動力以及我們需要的一切。

在新的黃金時代，你一直努力爭取的事物將會自然而然地來到你面前，只要它們是基於你的至善。如果某樣事物不是基於你的至善，你為什麼會想要它呢？

如果你合理地解釋，上名校或有汽車對你孩子的未來很重要，請記住這點：

如果某樣事物是基於你的至善，
宇宙將會自行安排，
讓它是基於每一個人的至善。

反之亦然。假使那樣事物並不是基於你的至善，那麼它也不是基於另外一個人的至善。因此，在我們向前邁進時，始終要請求得到指引，去做適合你的事。

現在我們幾乎無法想像，宇宙的能量可以為了支持我們而如此強而有力地運作。然而，在黃金未來，假使你需要更大的住家，你的夢想家園將會自動且立即地被提供。假使你需要旅行某地，交通工具就會出現在眼前。如果你適合養狗，你猜怎的？理想的小狗將會坐在你家門口。

對三維意識來說，這似乎是魔法。在五維中，它是能量自由流動產生的自然結果。

這情況的必然結果是，你不需要擁有任何東西。如果你的需求自動地被提供了，你為什麼會想要個人物品呢？你一需要，交通工具就出現，為什麼要停滿車子，把街道上弄得亂七八糟呢？如果你總是有完美的房子，為什麼還要擁有住家呢？假使你想要乘浪翱翔的時候，風箏衝浪板就在海灘上等候著你，為什麼還要擁有風箏衝浪板呢？

所有權奠基於這個信念：只有金錢才能使你得到你想要的東西。在新的黃金時代，我們全都相信，我們的需求將會得到滿足。集體的五維意識自然而然地支持這點。

當你所有的身體和情緒需求得到滿足時，你的靈性旅程就變得比個人進展重要，於是你可以放輕鬆，享受充實滿意的人生。當你的十二個脈輪開啟時，與蓋亞女士連結、與天使界交流、從睿智的星際存有下載資訊或調頻進入和諧宇宙的和平，就帶來深度的滿足感。而且隨著你登上五維階梯的更高梯級，甚至抵達六維或觸及七維，這趟靈性旅程變得更具啟發性。

平衡施與受

黃金時期的亞特蘭提斯人，維持高頻的方法之一是保持一切平衡。舉例來說，他們總是平衡施與受。如今，慷慨的人們不斷施捨屢見不鮮。他們認為這是為自己掙得靈性積分。事實上，真相恰好相反，因為沒有回報的付出被認為是一種精神操控或高人一等的作風。接受很重要，這樣你才允許對方體驗到付出的喜悅。它不一定是同一件事。你可以烤個蛋糕，以此交換做園藝工作，或提供幾顆蘋果，以此交換清潔工作。在黃金未來，當金錢過時了，只會有交換或以純粹的愛慷慨地付出。

以純粹的愛慷慨地付出
便啟動「恩典法則」。

當我們的五維心輪完全覺醒時，我們將會準備就緒，基於至善服務彼此，而且這將會源自於內心深處的愛之泉。那將會帶來莫大的滿足感。

培養無害品質

五維的品質之一是無害（harmlessness）。當你的思想、言語、行為完全無害時，每一個人和生物都感覺到與你相處很安全。因此，沒有任何事也沒有任何人會傷害你。動物完全信任你，在你面前放輕鬆。隨著越來越多人們的心輪敞開，我們培養無害，於是將會再次與動物王國和諧相處。

人類與動物將會和睦相處，相互尊重。

宇宙的奇蹟

隨著我們的五維脈輪覺醒並揭露我們的天賦、才能、令人敬畏的力量，我們毫不費力地敞開來迎接宇宙的奇蹟，調頻對準靈性世界。

五維的人們，尤其是曾經與列穆尼亞（Lemuria）連結的人們，對大自然、樹木、土地本身有著天生的熱愛。列穆尼亞是地球上的第四個黃金時代，時間在亞特蘭提斯之前。

列穆尼亞人形成了一股巨大的五維療癒之光力量。他們是集體能量，在整個宇宙工作，觸及需要其能量的地方。他們的療癒據說最為純淨且最為威力強大，因為那股能量完全沒有小我，而且作為一股集體能量發送。

列穆尼亞人與地球有著深厚的連結，他們熱愛大自然而且與元素精靈和龍合作。他們甚至透過「宇宙之心」從「本源」汲取愛和光，再將愛和光投射到地球上。

許多列穆尼亞人現在已經返回，要幫助我們全體與大自然連結。其實，對黃金未來而言，每一個人與自然界融為一體非常重要。

只是置身在大自然中，

就有知足感和活力感包圍住你。

無論走到哪裡，你都可以留下金色的足跡，從而建立雙向連結：將較高階的能量透過你向下傳導至大地，同時你從蓋亞女士的心中將愛向上提。這透過你雙腳底下的「地球之星」脈輪向上，經由你上升，來到你的心。由此向外擴展並觸及人們、動物、大自然。

當你有意識地以五維漫步時，你的光便非常明亮地照耀。你可以在想像中以下述方式漫步，或在大自然中找到一個地方，身體力行。

在大自然中以五維漫步

- 閉上眼睛，想像某個陽光明媚的日子，你在戶外。
- 做幾次深呼吸，覺知到樹木和花朵。
- 注視著那些色彩和形狀。
- 聞嗅著自然界的氣味。
- 向前走，留意雙腳每次與大地相連的感受。
- 然後想像你的頂輪正在開啟。
- 看見或感應到金色的光向下傾瀉進入你的頂輪，而且直接向下穿透你，然後進入你的雙腳和大地。
- 知道你正在留下金色的足跡。
- 現在，隨著吸氣，你感應到從蓋亞女士的心汲取金色的光。
- 感覺到金光透過你升起，從你的心中呼出來。
- 看見它如何觸及自然界。
- 當你完成漫步時，想像一下你留在身後的金色足跡。

第8章 經濟轉型

我們對金錢和商業的態度正在經歷重大的轉變！新的黃金時代將會看見一次完整的經濟轉型。

在三維場景中，權力的金字塔導致頂層的統治者與下層的無力者之間相當疏離。內心與頭腦的斷連，促使銀行、經濟機構、大企業長期以來按照他們的做法行事。

未來，人們必會發現，難以置信金融機構居然可以借出虛幻的金錢、實際不存在的金錢，而且據此收取利息，這在全世界製造困境，加劇了貧富之間的差距。

借出虛擬貨幣現在已經逐步發展成在「元宇宙」（metaverse，譯注：又稱後設宇宙、形上宇宙、元界、魅他域、超感空間、虛空間，是一個聚焦於社交連結的3D虛擬世界網路）中出售虛擬財產。隨著五維藍圖開始在人類之內啟動，豐盛意識成為常態，人們將不會再以此方式追求財富。

將會成功的企業

在舊世界，宇宙支持意圖、聚焦和行動，不考慮後果。如今情況不同了。地球上的普世能量流動正在改變。隨著邁向更高頻率的世界，我們將會需要不同的標準。

以下是一部分將會蓬勃發展且得到宇宙的祝福和支持的工作和企業：

- 為靈魂帶來充實滿意的工作和企業。
- 依據純淨意圖成立的企業。
- 為人們或大自然或動物服務的工作和企業。
- 促進身體健康的工作和企業（或許有食物或香料），而且真正與新時代和諧同調。
- 對世界的真正福祉或進步作出貢獻的研究，例如大自然保育或免費動力。
- 奠基於由衷的創造力、藝術和音樂表達的企業。
- 自然療癒法。
- 合作社。

新黃金時代的經濟

在二〇三二年之後，金錢將不再重要。

未來不會有金錢。一切事物將會被快樂地分享、交換或贈送。奠基於靈性的新科技意謂著，人人充足豐裕。超出需求的任何東西都會被集中起來，讓任何人可以自由拿取。

在五維意識中，人類將會自動地吸引豐盛，
每一個人的需求都會
以我們目前無法設想的方式得到滿足。

觀想 8

黃金未來的豐盛

- 放輕鬆，想像一下沒有小我的五維世界。
- 由於自尊與自信，你沒有什麼要證明。
- 你享受內心深處的滿足，你周圍的人們也一樣。
- 資源充裕，供全體享用。
- 你需要的任何東西都會自動地來到眼前。
- 你樂於分享多少呢？
- 這感覺如何呢？

第9章 教育的靈性目的

教育的靈性目的在於引出孩子的靈魂天賦，照亮他們內在的光。

在亞特蘭提斯的黃金時期，這正是發生的事。接受過靈媒培訓的神職人員會檢查孩子的靈魂歷史，理解他們的特殊資質。隨著孩子的成長，父母會精心培育和發展孩子的才能。但更重要的是，孩子被認為是整個社區不可分割的一部分，每一個人都慈愛地幫忙開發孩子的能力。

每一個孩子都被愛護珍惜。在孩子很小的時候，每天被帶到托兒所，在那裡，經過特別挑選、其能力適合教導該年齡層孩童的老師們幫助孩子學習社會發展。祭司們監督孩子的靈性成長。孩童盡可能地置身在戶外的大自然中，透過玩耍和創意學習，直到七歲。

從七歲開始，他們在寺廟神殿裡受教。教育的宗旨始終是培養右腦，而且有趣、愉快、好玩。優先教導社交技巧以及連結到大自然、動物、水晶、靈性世界。

這些亞特蘭提斯教學方法的記憶被編碼在我們之內。

舊矩陣

不幸的是，世界各地當前的教育體制並不是基於孩子的至善。一旦落實了男性統治的實驗，孩子通常被視為家產。接受教育的孩子少之又少，而且只有男性受教。有錢人家的男孩由家庭教師教導或上昂貴的私立學校。只有社會地位較高的女孩才接受某些教育，然後就只是在家修習幾門有限的學科。

不過，在文藝復興時期有一小段時間，女孩和男孩都在當地學校就讀，除非他們必須為家庭賺錢。學生們往往面對面坐著，由年齡較大的孩子教導年齡較小的孩子。這促進了和諧與尊重。

然後工業革命到來，雇主需要能夠閱讀簡單指令和操作機器的勞動力，因此形式大大轉變，孩子們面對站在全班前面的老師。孩子們彼此斷連，而這導致了分離及其後果。

多年來，教導一直側重左腦，包括死記硬背或吸收和反芻他人的理念。對許多人來說，這既無聊又令人挫敗。

目前，孩子們被集中到大型學校，這些學校是為了照護政客們的小我而建立，與教導或培育學生無關。「一體適用」的制度扼殺了個體性、創造力、新理念。

由於頻率逐漸上升，現在許多年輕人過於敏感，無法應對目前這套破碎的制度，而且越來越多的孩子和教師出現心理健康問題。改變的種子正在萌芽，在家接受教育的孩子比以往任何時候都多。

世界導師「庫圖彌大師」（Lord Kuthumi）一直孜孜不倦地致力於內在層面，為的是提出新的教育制度，適用於新黃金時代的孩子，那將會幫助、鼓勵、啟發他們。

二〇三二年的教育

已經投胎的高頻孩童非常敏感，必須被當作個體對待。不久，更多出生的孩子將會有略為狹長且腦容量更大的腦袋。配置如此擴展過的大腦為的是理解科技，為未來令人敬畏的改變預作準備。

新一代的孩子需要創意表達、
活動、刺激、與大自然連結、右腦的擴展，
而新黃金時代的教育體制
將會根據他們的需求量身定製。

學校將會縮小，在當地建造。這些社區學校將會為學生和教師們帶來歸屬感。教師將會再一次受到尊敬和重視。教學將會被視為可敬且重要的專業，只有天生的教師才會受到吸引要以此方式提供服務。

孩子們也會受到尊重和珍惜。這些高振動的孩子將會來自備受敬重和珍視的維度。他們將會知道自己的價值並期待受到尊重。當他們受到尊重時，必會有風度地回應。

教育將會主要針對右腦，促進創造力和想像力的流動。經過特別挑選和培訓的教師，將會確切地知道如何激勵學生發展與生俱來的天賦。教師將會理解和諧聲音的影響力，可以鎮定、療癒、創造、平衡，因此學校將會播放特殊的音樂，尤其是天使和聲。

未來的電腦將會根據學生的個人情況創建恰當且有趣的功課。因此，一方面，將會更仰賴科技。另一方面，將會教導孩子們社交技巧，鼓勵他們培養善良、同理心、誠信正直。孩子們將會練習照顧和養育動物以及連結到大自然。他們將會學習如何種植糧食、照料植物，以及運用適當的食物、鍛鍊、正向思想管理自己的肉身體，以此保持最佳健康。好玩和享受將是教育與生俱來的。

體育運動（尤其是促進合作與個人卓越的團隊比賽）將會得到贊助。會好好培育各種藝術和創意活動（尤其是團體活動）。人人都可以享受歌唱與音樂，而且這些會受到鼓勵。因為反映孩子們的高頻意識，所有音樂將會很和諧，只要願意，所有學生都有機會學習樂器。

因為每一個孩子都將被視為獨立的靈魂，因此不需要考試，而且這些也不會是新範型的一部分。不過，希望以此方式測驗自己的人們也可以這麼做。

孩子們將會學習滌淨能量、運用水晶、開發他們的通靈技巧和天賦。當他們年齡稍長時，將會明智地管理進一步開發自己的力量（包括療癒和顯化）。

孩子們將會自然而然地連結到大自然中的元素精靈以及天使界。

學生們將會被教導靈性律法，尤其是「感恩」、「恩典」、「合一」的法則，以此將頻率保持在高檔。表示感謝將是五維生活中不可或缺的一部分。

晶狀的腦部結構

在新的黃金時代，人類將會逐漸從以碳為基底轉換成晶狀基底。晶狀指的並不是像水晶一樣的硬度，而是指人們將會有水晶的品質。孩子將會天生具有較高頻率的身體和結晶狀的腦部結構，其中原子按照神聖幾何學排列。晶狀的腦部結構將會像神經元一樣起作用，但是附帶先進的連結。它們將是複雜的電腦，允許儲存大量的記憶和資訊，涉及計算、非凡的創意、難以置信的能力。

新生嬰兒的驚人天賦
將會得到認可和重視，
他們有十二股相連而活躍的DNA，
而且具有晶狀的腦部結構。

到了二〇五〇年，成人和孩子將會直接下載來自恆星的科技知識、靈性資訊和智慧，而且這將會受到推崇和尊重。

晶狀腦將使每一個人都能夠透視維度，因此所有人都可以連結到照顧自然界的元素精靈以及連結到靈和天使存有。

觀想 9

成為黃金未來的孩子

- 想像你是黃金未來的孩子，有自信完成對你的靈魂滿意度來說感覺正確的任何事。
- 你擁有完美、健康的身體。
- 你可以參與各種運動和音樂，只要你希望自己主動參與。

- 你擁有難以置信的大腦，可以探索你感興趣的任何學科。
- 你的功課是專門為你量身定製的，它們引人入勝且極具啟發性。
- 每天，上學都是喜悅而愉快的事。
- 這感覺如何呢？

第10章
生活在黃金社區

對於在黃金未來的五維社區中等待著我們的和平、喜悅、靈魂滿足，我們目前沒有任何概念。那將與我們目前的生活方式有著難以置信的差異。社區將會小許多、比較泰然自若。人們將會完全自由地在世界上任何地方移動和旅行，而且將會生活在他們覺得有歸屬感的地方。隨著人類的地球之星脈輪被錨定和啟動，這事將會不自覺地發生，以磁力將每一個人吸引到屬於自己天命的聖地。

人們將會發現
自己與他們的靈魂家人和朋友在一起。

在五維的豐盛意識中，不再需要掙錢謀生。老天爺會提供你一切食衣住行。所以，人們將會輕鬆、悠閒地過日子，做著令自己的靈魂充實滿意的事。在舊矩陣之中，這可能看似無聊，但是在新世界中，個人表達和服務的喜悅將會帶來難以想像的和諧、幸福、滿足。

在較高階的意識中，每一個人都全然敞開、誠實、熱情。人們始終感到十分安全。沒有財產。當你內心渴望的事物自動地來到你面前時，為何需要擁有什麼呢？每樣東西都免費提供。一切共享。

休閒的改變

在過去四十年間，靈性階層已經讓越來越多的科技唾手可得。這麼做的目的是為了給我們額外的空閒時間放輕鬆，好好享受大自然、休閒活動、與家人相處的時光。唉，我們並沒有接受這點啊。我們用它來更加努力工作，設法賺取更多的金錢和創造更多的事物。

在新的黃金時代，這點將會改變。由於不需要為了生存而工作，而且隨著意識的改變，公民們將會希望利用閒暇時間連結大自然、有創意地表達自己、好好運用自己的肉身。步行、登山、騎單車、探索、允許人們置身鄉野戶外的活動將會變得越來越受歡迎。

黃金未來是社交、好玩的時光。人們將會好好享受各式各樣的創意。團體將會聚集在一起畫畫、表演戲劇、製作模型或陶瓷，或以切實可行的方式表達自己，包括我們現在理解以及我們還不了解的方式。

在黃金未來的五維意識中，
每一個人都會感到有自信，
而且歡迎參加任何團體。
將會以適合每一個靈魂的方式
鼓勵和開發各式各樣的創意表達。

體育活動的蓬勃

隨著我們逐漸邁入黃金未來，人會變得更高、更瘦、更有活力。各種體育活動將會大受歡迎，尤其是團體遊戲。球棒、球、球拍、球桿將會免費供給任何人在體育館或戶外使用。在天氣允許的地方，人們會被水上運動所吸引，因為人們將會普遍了解那種媒介的靈性品質與好處。各種船隻，從獨木舟、皮艇和風浪板，到生態動力的靜音氣墊船，都將會免費提供，方便任何人使用。

在完全建立起來的五維意識中，你需要的任何東西都會自動地來到你面前。所以，如果你需要某人教你揚帆航行，那人就會到來。假使你需要同伴與你一同航行，屬於那個波長的某人就會出現。雖然就我們目前的理解方式而言，這幾乎不可思議，但那就是我們正在進入的能量。

享受更多樣的音樂

人們將會越來越享受音樂，尤其是隨著人們理解聲音振動的力量和重要性。因為每一個人將會保持平衡且與內在相符，因此所有音樂將會反映這點且和諧悅耳。音樂會被唱頌和演奏，用於放鬆、享受、改變心境。某些音符組合將會加快顯化以及療癒。

一定會有樂器，包括現有的樂器以及反映高八度「天體樂音」（Music of the Spheres）的新樂器，提供給想要演奏這些樂器的任何人使用。

人們將會樂於組成團體，一起演奏樂器，或自發地聚集在一起唱歌或吟誦，同時群眾圍觀，聆聽享受。

每一個人都會感覺到歡迎隨時參與，
而且一定會有自信可以隨時參與。

在高階頻率中，對一切事物都有尊重與關懷，因此樂器自然受到尊重。假使某人需要使用特定樂器或其他物品，也是相當榮幸的事，而當不再需要時，特定樂器或其他物品就會被歸還到集體區。

園藝是種溝通機會

園藝將是流行的消遣，而且許多人將會好好享受與地球和大自然的連結以及花園提供的平靜。園藝為人們提供與元素精靈（尤其是小仙子和淘氣小精靈）溝通交流的機會。

偉大的「啟明大師」（Illumined Master）「威尼斯人保羅」（Paul the Venetian）已經影響著園丁們在花朵中創造許多新色彩，因此，隨著意識擴展，我們將會認識到更廣泛的色彩頻率。這將會跟音樂一樣，對我們產生微妙的影響。

藝術的能量

幾個世紀以來，藝術一直被用作引進高頻光束的方法。文藝復興的到來是因為許多創作大師同意同時投生轉世，帶著透過藝術喚醒靈魂的特定目的。幾個世紀後，像梵谷一樣的畫家透過色彩引進了基督之光。

在黃金未來，大眾將會體驗到藝術表達的喜悅。新的色調將會允許有藝術傾向的靈魂傳送和表達更高階的光束。將會時常看見藝術家成群結隊，友善地一起作畫。

有創意的人們將會以若干不同的方式表達他們的才能，其中某些才能是我們至今尚未想到的。

藝術或創意的嘗試全都會
散發出創作者的意圖和傳送的能量，
作品完成時，
將會被保留或送給
需要那股能量或喜愛那件藝術作品的任何人。

慶祝活動

亞特蘭提斯人在黃金時期保持高頻的方法之一是開心愉悅。他們藉由聚會慶祝一切事物——出生、生日、喜事、來自其他地區的訪客，或單純地想要慶祝的衝動。不管什麼事物都得到讚揚，而且這是一種表達謝意的方式。

慶祝活動使社區更有凝聚力。

觀想 10

生活在黃金社區

- 花些時間放輕鬆，閉上眼睛。
- 設想自己置身在有一座湖泊的優美公園裡。
- 到處是開心愉悅的人們成群結隊。
- 有些在彈奏音樂。有些在唱歌。
- 運動的人們參與著各種體育活動。

- 有漫步、登山、揚帆、游泳的團體。
- 其他團體則在畫畫、寫生、拉坯、縫紉、製作東西。
- 你有歸屬感且有自信可以加入任何一個成群結隊的團體。
- 無論你加入哪個團體，你都知道自己受歡迎。
- 在你的內在世界中，加入一個你感興趣的團體。
- 結交新朋友，嘗試新事物。
- 將生活在這個社區意識中的感覺帶回來。

第11章

家庭生活與關係

當五維的本我輪和心輪完全建立起來時，不再為人們服務的能量羈絆和低階信念便煙消雲散。伴侶和家庭成員彼此調頻對準對方，脈輪對脈輪，尤其是心對心。因此，每一個人都為了至善而共同努力。

關係的提振

在靈性世界中，兩個人可以不幸福地結褵四十年而不被記錄成婚姻。另一對可能只在一起一週，但是那份愛卻非常真實而深刻，因此在阿卡莎紀錄（Akashic records）中，他們被記錄成一對夫妻。

婚姻是正式的人類架構。在黃金未來，夫妻將會因為擁有真愛連結而終生相繫。

到了二〇五〇年，
男性和女性只會對
使他們有力量、豐富他們、
增強他們的正向品質且奠基於真愛的關係感興趣。

屆時，人人都有自我價值感和自信感，而且尊重和推崇其他每一個人。所有關係都奠基於尊重、誠實、敞開心扉的接納。

性慾

LGBTQ+運動（譯注：LGBTQ分別代表，Lesbian女同性戀者、Gay男同性戀者、Bisexual雙性戀者、Transgender跨性別者、Queer/Questioning酷兒性別／疑性戀）現在日漸擴展並非偶然，因為一萬年來我們所熟知的性別逐漸變得越來越不穩定。隨著男性和女性能量達致平衡，特定性別的角色消失，性別的刻板印象也隨之消散。每一個人都可以自由表達自己的真實傾向。在五維層次，性是真愛的表達。

隨著我們邁入更高的頻率，夫妻將會透過性行為體驗到超然的愛。越來越多人變成兩性兼具，因為他們本身的男性和女性能量達致平衡。最終，在二〇五〇年之後，夫妻之間的性愛將會只是以生育為目的。

家庭生活

在黃金未來，人們會越來越重視家庭生活。沒有祖先、家族或個人的業力，孩子將會出生在他們的靈魂群組中，與父母、兄弟姊妹、親戚在同樣的波長上。

家庭成員將會在心靈上和靈性上相互鏈結。
他們彼此了解，
而且心靈相通，
能夠同理共情。
在以心為中心的黃金未來意識中，
大家庭將是溫暖、有愛、
關懷、具支持作用。

性別角色

數百年來，人們對男性和女性角色的理解僵化死板，而且強制落實這類角色，時常造成巨大的挫敗感。但是當女性開始為自己賦能培力時，許多女性承擔了太多，努力包攬一切——謀生、照顧家庭和孩子、成為完美的妻子。如今在許多家庭中，對於父母個別應該承擔的責任和任務感到迷茫困惑。

在五維層次，父母被視為平等但角色不同。雙方都體認到並接受他們為了特定的學習體驗而承諾成為男性或女性。

有了父母之間的真愛，有閒暇表達父母雙方的靈魂渴望，
加上家庭和社區的支持，
為人父母的生活將會與現在有難以置信的差異。
那將會喜樂而充實。

有孩子的靈性責任

養育孩子被認為是某次投生轉世期間有可能承擔的最大靈性責任之一。隨著夫妻覺知到為父或為母角色的重要性，他們將會十分謹慎地作出抉擇。

單身與沒有孩子的人

如今，許多人單身或沒有子女，無論是出於抉擇或其他原因，都沒有意識到這是自己的靈魂做出的決定。

在黃金未來，就跟現在一樣，並不是每一個人都會選擇有伴侶或孩子作為人生計畫的一部分。不過，他們全都會感覺到自己是大家庭和社區中深受喜愛且不可或缺的一份子，而且一定會找到知足稱心和靈魂滿意。

在黃金未來，人們將會覺知到自己出生前的決定，而且將會有風度地接納自己的天命。

受孕的時機

靈魂逮到機會便投生轉世，那樣的事將成為過去。此外，靈魂將不再因為有業力要完成而進入挑戰性十足的家庭。他們不會帶著業力出生，因此業力不會再影響出生的決定，於是靈魂將會極其謹慎地選擇自己未來的父母。

目前，前來地球投生轉世的靈魂選擇其性別，這種情況將會持續下去。

> 出生的抉擇將會奠基於
> 即將到來的靈魂與其父母的真實相容性——
> 這包括未來的父母以及他們將要充實壯大的社區。
> 嬰兒將會屬於這個大家庭。

當一對夫妻感覺準備就緒，要養育孩子時，整個家庭就會聚會。他們將全體心連心，帶著純淨的意圖討論他們可以為哪一類型的靈魂提供最佳服務。當然，父母會是這件事的核心，因為他們有責任在身體上、情緒上、心智上、靈性上直接照顧孩子。

一旦決定了他們可以為哪一類型的孩子提供最佳服務，夫妻倆就會在性方面連結，運用磁力原理讓這樣的靈魂可以被吸引到他們身邊，於是身體上的受孕發生。

進入高頻的受孕兒

由於嬰兒與孩童在真愛中受孕並出生且進入高頻、有愛的家庭，因此一定會感到安全而有保障，他們將能夠敞開來接納自己的真實潛能。

對每一個人來說，家庭生活將會平靜、幸福、相互賦能培力。

觀想 11

生活中擁有心滿意足的關係

- 花點時間，放輕鬆。
- 想像你與你的靈魂家族住在一起。
- 他們可能是你真正的親屬，或是你可以選擇祈求你希望擁有的關係出現。
- 在你的家庭中，你被愛、被推崇、受尊敬、有力量。
- 你得到鼓勵，要以適合你的方式自由自在和表達自己。

- 你熱愛、推崇、尊敬你的家人，為他們賦能培力且鼓勵他們。
- 感應到你們如何心心相印。
- 覺知到你們透過心靈感應交流。體驗一下這種感覺。
- 如果你是LGBTQ+或不確定自己的性取向，不妨想像一個靈魂家族，你在其中被愛、被推崇、受尊敬、有力量，而且得到鼓勵，要以照亮你的方式自由自在和表達自己。
- 好好享受這份歸屬感，以及以你本來的樣子被完全理解和接納的感覺。

第12章

居家生活

在黃金未來，人們與自己的身體以及太陽和月亮的節奏和諧同調。人人睡醒後感到神清氣爽，因為有放鬆且充實的生活、優質的食物、健康的鍛鍊，所以人們每晚都睡得很沉。

展開新的一天

第一件事是感謝新的一天。感激「神性」（the Divine）以及調頻對準「神性」對黃金未來的人們而言就跟呼吸一樣自然。

通常的模式是，然後跟你的靈魂家族一起享用健康的家庭早餐。

出發上學

多數孩子（即使年紀小）在當地步行上學或腳踏個人的飄浮板出門。飄浮板安全無虞。所有形式的交通工具都配有聲納，確保沒有意外。上學途中是好玩的體驗，因為孩子們自由奔跑或玩耍，或腳踏飄浮板相互競技。

因為父母是透過心靈感應的愛與自己的孩子相連，所以他們不擔心孩子，而孩子也不擔心父母。只有正向的振動在他們之間和周圍流動。所有孩子都期待上學，因為學校是為他們個別量身定製的。

靈性技術進入居家生活

在家裡，新的靈性科技確保一切輕易、自動、無須勞力。先進的機器人能夠完成幾乎任何事情。你可以為某個機器人編排程式，要它打掃住家或切菜。不過，黃金未來是關於連結、社群、服務，所以如果你想要加入其他人，邊準備食物邊聊天，那麼那就是你會做的事。

不需要像我們現在體驗到的那樣工作，
也不需要做家務事或購物，
有充足的時間可以投資於
家庭生活、嗜好、鍛鍊、娛樂、居家。

兒童和青少年總是自由自在，歡迎加入任何活動，而且屆時的意識是讓他們感覺到樂意那麼做。

因為每一個人都和諧同調，所以整個家庭會同時想要同樣的事物。

水晶的淨化

在黃金未來，你的住家鑲嵌以水晶陣，為的是保持頻率高檔而純淨。水晶經過編程，可以開啟電燈或電源或淨化水質。

隨著時代的進步，你將能夠集中思想的力量，灌注到水晶之中，使房間保持完美的溫度和完美的照明，或啟動美妙的音樂。

水的頻率

純水具有和諧宇宙的品質，其中之一是蛻變低階能量的能力。加持過的水可以消弭業障。它攜帶基督之光，而且不可避免地，水的頻率越高，它散播的愛就越純。它為附近的人們和動物提供能量。

隨著人們充分理解水的真實屬性，多數住家將會擁有人工水景。

舒適的服飾

用於服飾的材料符合生態、質輕、透氣、植物性，幾乎難以想像。它們使你保持理想的溫度，而且防雨防風。它們還具有自行清潔、天然免燙的功能，而且有一整系列絢麗的色彩。

因為人們超越小我，時尚根本不重要，所以舒適變成唯一的標準。多數女性和許多男性選擇好穿的一體成型服裝，例如緊身連衣褲。

或者，女性可能希望穿著材質精美、色彩絢麗的漂亮洋裝，以此表達自己的女性氣質。

男士將會穿著舒適的衣服，無論是長袍、休閒褲或緊身連衣褲。穿什麼都會被接受。

到了二〇五〇年，隨著頻率持續上升，每一個人都會被治癒，擺脫過去潛抑作用的影響，於是只穿著最舒服的任何服飾。

新材質的鞋

新材質將會使鞋子極其舒適、透氣、有彈性、容易穿著。幾乎每一個人，無論男性或女性，都會選擇平底舒適的鞋子，那將使他們能夠連結到地球以及他們的「地球之星」脈輪。

選擇長髮

為了自在舒適，多數男性和女性將會選擇留長髮，紮在腦後。

黃金未來的一天

- 找到一個你可以安靜下來、不被干擾的地方。
- 舒舒服服地呼吸。
- 現在想像一下，你穿著非常舒適的彩色服飾和鞋子。
- 環顧你的住家，看見每間房間都鑲嵌著美麗的水晶。
- 好好享受這份美好的感覺：知道你可以為那些水晶編排程式，讓它們提供理想的溫度以及你需要的不管什麼照明。
- 放輕鬆，下令機器人執行需要完成的事。
- 利用時間做你愛做的事。
- 覺知到孩子們踏著飄浮板去上學。
- 記得當你還是個孩子的時候，可以踏著自己的飄浮板旅行，用心念指揮它去到你想去的目的地。
- 重新體驗與朋友們競賽的快感。
- 以及能夠與父母以心靈感應交流的安全感。
- 花點時間享受快樂、知足、被愛、安全的感覺。

第13章

健康與療癒中心

當前世界各地的醫療保健系統基於若干原因正在崩解，主要是因為對抗療法以及非個人化、專科化的大醫院屬於舊時代。

在黃金未來，將不再需要醫院。醫院會被小型的當地療癒中心所取代。人們已經在創立健康中心作為邁向新時代的踏腳石。

在黃金未來，人們將能夠運用自然療法保持完美的健康與均衡。假使有必要或在發生意外事故之後需要醫療協助，人們將會為了重拾平衡而造訪當地的療癒神殿。

業力對健康的影響

自亞特蘭提斯隕落以來的最後一萬年間，幾乎每一個人都造了業。投胎轉世的嬰兒們帶著家族、祖先、國家的業，不只是自己靈魂的業。對某些人而言，這導致了根深柢固的失衡、不適、精神問題。它是綜合病症與遺傳疾病的主要靈性源頭，不過某些勇敢或寬宏大量的靈魂已經接受了這些挑戰，以求記取教訓或為他人提供功課。

對抗療法的創建

隨著業力的積累，疾病變得日益嚴重，無法再用種種自然療癒與平衡方法治癒。這是需要對抗療法的原因。

許多對抗療法藥品的宗旨都是為了立即緩解症狀，不理會副作用或長期造成的影響。舊範型的藥品是完美的商業策略，給的藥越多，需要的就越多。不過，對抗療法正逐漸失去影響力，因為人類的頻率正在迅速提升，因此種種自然療法將會再次變得有效。它們正在迅速重拾可信度與人氣。

清理業力

隨著舊時代的結束，所有業力必須被清理掉。業債必須償還。一直以來的情況是，當父母去世時，任何一方留下的業債便由子女或孫子輩分擔。如果某人死後沒有子女，這人的堂表兄弟姊妹或姪女和姪子便承繼業債。不管怎樣，直到最近，靈魂才可以拒絕承擔這類額外的負擔（這類業債可以下傳多達七代）。現在不再有業力退出條款，因此如果你的祖先造了尚未清償的業，那麼你和你的兄弟姊妹或堂表兄弟姊妹天生就帶著這份業。如果你是獨生子女，你可能必須承擔全部的業，那是你的靈魂的選擇。

黃金未來的健康

在新的黃金時代，生氣勃勃的健康將會受到重視，人們會對自己的身體與安康負起責任。舉例來說，如果某人某處疼痛，他們不會服用止痛藥，而是會調頻聆聽自己的身體，尋找問題的根源，然後採取自然的補救措施。

全人健康將被視為理所當然。每一個人都會明白，靈性、心智、情緒失衡最終製造出身體的某樣東西，因此各個面向都會被探索並達致均衡。

在黃金未來，
土壤將會被復原成營養豐富，
水果和蔬菜將會全數有機種植且生機盎然。

這將會大幅改善健康。
飲用水將會純淨且充滿水晶的力量。

隨著頻率提升，所有家用產品、香水、噴霧劑以及幾乎每一樣東西，將會只內含可增進健康與幸福的天然成分。

在二〇三二年之後，當免費的生態動力唾手可得時，我們將會再次呼吸純淨的空氣。成人與孩子將會學習如何正確地呼吸，才能放輕鬆、供氧給細胞、使身體恢復元氣。

由於人口減少，將會有更多的空間和綠色植物。隨著真正地理解大自然對療癒及修復我們的作用有多大，我們會好好種植樹木，重建野花草地。在黃金未來，當人們不需要為生計工作時，必會好好享受在綠意盎然的鄉野中漫遊的樂趣。

由於放鬆的生活方式、充足的新鮮空氣和鍛鍊、滋養的輕食和幸福快樂，每一個人都會保持最佳的健康與活力。

此外，有了深度的滿足感、自我價值感、歸屬感，人們不會指望毒品、酒精或興奮劑來改變自己的狀態，根本就不需要那些東西。

不再需要移植

你用你的思想、信念、情緒建造你的器官，所以它們內含你的意識。為了接收某人的身體部位，你們必須有一份靈魂協議。假使沒有靈魂協議，要麼器官會被排拒，要麼會建立起一份低階振動的契約。無論哪一種情況，你都必須處理體內捐贈者的能量。

隨著新的黃金時代日漸進步，移植將會幾乎聞所未聞。人們會更加深刻地理解到，地球上的人生只是漫長旅程中的短暫體驗，因此人們不會那麼執著於不惜一切代價留下來。此外也會有更多的理解，明白該要讓親人去體驗他們下一段在其他維度的探險。

當地的療癒中心

為當地社區服務的小型友好療癒中心，將會盡可能地建在大自然的環境中。鮮花的療癒品質將會被體認到，於是美麗的花朵滿布花園，新鮮的花朵提升空間的振動。特殊的療癒音樂被播放且有舒緩的色彩裝飾牆壁。水的神聖品質也會得到認可，因此療癒中心將會設有噴泉和溪流。水晶將會呈陣狀圍繞著療癒中心。以療癒為靈魂使命的人們，將在這些美麗的療癒中心服務。

療癒師會用聲音、光、靈性療癒
平衡人們的脈輪，
將人們提升到完美健康的高階頻率。

假使某人發生意外，這人會躺在漂浮的橢圓形圓盤床上，由療癒師們照顧。護理人員將會運用植物智慧提供混合草藥來緩解休克。他們會利用雷射光以目前無法想像的方式編織骨頭。

至於脊柱骨折等比較嚴重的傷害，一組療癒師（通常是三人）將會圍繞著病患。他們會共同將聲音、思想力量、意念集中到病患身上，利用雷射修復病患。

到了二〇五〇年，
人們將能夠自我療癒並保持完美的健康。

氣。

在二〇五〇年之後不久，人們將能夠再生四肢。也會有「再生室」可以讓細胞恢復元

觀想13

完美的健康

- 閉上眼睛，舒舒服服地呼吸。
- 在你的內在世界中，你快樂、正向、健康、充滿生命力與活力。
- 無論年齡大小，你都可以好好鍛鍊且靈活敏捷。
- 你的身體感覺輕盈、自由。
- 假使你有健康方面的挑戰，你可以自我療癒。
- 看見並感覺到恢復元氣的你。
- 將那份感覺帶回到日常生活中。

第14章 食物的新紀元

在二〇三二年之後不久，將會出現種植大量高營養糧食的新方法。

隨著國際貿易減少然後停止，我們將會食用當地種植或生產的食物，那以最佳的方式滋養我們的身體。

我們的星球非常特別，
因為每一棵植物和樹木都經過特意調整，
可以完美的方式
滋養或療癒當地的人民。

因為每一個人都會出生在適合其最佳幸福的國家的靈魂家庭中，所以除了度假和探險，人們會希望留在與他們需要的食物合拍合調的地方。

在黃金未來，食物將會有機、天然、純淨，與更高的意識契合相映。單一栽培會被生物多樣性農業所取代。農林業、永續栽培、生物動力法、其他天然有機形式的糧食生長將會蓬勃發展。這類情況已經發生在某些地方。種植小型社區果園讓大家共享也已經發生。

隨著頻率成為五維，我們將會自動地開始食用生長在肥沃、滋養的土壤中且少油少鹽的清淡食物。

食物選擇

到了二〇三二年，多數人會是素食者，不過某些人會吃魚。

到了二〇五〇年，許多人會是純素食，目前全球普遍轉向植物性飲食也與此和諧同調。

在五維上層的人們將會越來越仰賴「普拉納」（prana，譯注：梵文，意為「生命氣息」）生活，不過他們不會是「食氣者」（breatharian），因為那需要很長一段時間，當你處在六維的時候，才真正有可能成為「食氣者」。

觀音是亞特蘭提斯的偉大高階女祭司，後來成為中國境內的女神，據說她活了二千年。她維持五維的肉身，藉此做到這點，在此期間，她吃得非常清淡而純淨，然後有一段時間上升進入六維，在那裡，她靠「普拉納」生活，而且在她返回到五維的肉身之前能夠再生。

「食氣主義」（breatharianism）並不是黃金未來的一環，因為我們即將邁入社區、分享、合一的時代。這包括準備食物以及與他人一起進食。食物讓人們齊聚一堂。

人人將會開心地飲用充滿水晶能量的純淨天然水，而且只會食用增強生命的營養食品。

豐盛的食物

在二〇三二年之後不久，新的靈性科技將會徹底改變糧食種植，為整個地球提供大量美味、極其營養的食物。食物將會免費提供，因此你可以收集你需要的不管什麼東西，或用超級無人機將食物直接送上門。購物將會輕而易舉。

蔬菜將在巨型的塑料大棚中種植，採用先進的水耕栽培法，那是我們目前甚至還無法想像的。蔬菜會在當地社區免費分享。由於數量充足，人們只會拿取自己需要的分量。

不過，還是會有喜愛園藝且親自種植蔬菜的人們。

此外，科學進步將會找到保持食物新鮮的方法，因此冷凍、罐裝、乾燥法將會被淘汰。日後我們將能夠一年四季生產新鮮的食物。

無害的植物

五維的無害品質將會延伸到植物王國。除非需要，否則不會採摘任何東西，而且人們將會感恩吃下肚子的不管什麼食品。

自然界中的一切將會變得很安全。菌類、莓果、樹葉、樹皮將會失去其毒性。樹木、灌木、植物將會繼續生長，沒有倒鈎或刺毛，而且它們也會逐漸變得無害。到了二〇五〇年，整個大自然都會散發出金色的氣場。

與元素王國合作

隨著我們的頻率提升，科技會向前推進，我們的靈性和通靈能力也會隨之發展。二〇三二年之後不久，人類將普遍具有靈視力，能夠透視帷幕，看進與自然界合作的元素精靈居住的維度，這些元素精靈包括小仙子（fairy）、小惡魔（imp）、地精（gnome）、丑妖精（goblin）、淘氣小精靈（elf）、半人半羊農牧神（faun）、火蜥蜴（salamander）、水仙女昂丁（undine）、美人魚等等。我們將會敞開心扉，接納這些美麗的存有可以教導我們關於大自然、土地、種植糧食的一切資訊。

在我們準備好要看見這些存有之前，祂們對我們來說既空靈又看不見。祂們作為風、土、水、火、木的靈，被稱作「元素精靈」（elemental），因為並不攜帶所有五種元素。不過，你不必等到看見這些存有才與祂們建立關係。你已經可以帶著愛和尊重與祂們交談，信任祂們正在聆聽，而且一定會回應你，幫助你。

風元素精靈

風元素精靈只由風元素構成。

最知名且最受喜愛的風元素精靈，是照料鮮花和蔬菜的小仙子。祂們是純淨、天真、愛玩耍的存有。雖然某些小仙子屬於三維，但是許多小仙子已經揚升至五維。祂們很樂意為我們提供關於種植蔬菜的建言，因此園丁和食品生產者必會自然而然地與祂們合作。

> 當我們有意識地與小仙子合作種植植物時，
> 祂們將會阻止有害的昆蟲吃掉作物
> 並助長有益的昆蟲出現。

西爾芙（sylph）是與小仙子合作的小小風精靈。祂們保持植物周圍的空氣清新，幫助植物保持健康，使陽光能夠進到葉子裡。西爾芙也可以與你合作，清理你的氣場或吹散壅塞的思緒。風龍甚至更強勁有力，祂們將不需要的能量吹出你的空間且蛻變那些能量。

至今還鮮為人知的是「乙薩克」（esak），祂們最近才從另一個宇宙受邀來到地球幫忙淨化。祂們正在吸收低階能量，為即將到來的較高頻率預作準備。

土元素精靈

這些精靈只由土元素構成。

小妖精（pixie）很高。祂們是解決問題的專家，幫助人們了解土壤的結構和品質，因此從來不在同一個地方停留很長的時間。所以，如果你希望改善你的土壤，不妨在內心裡召喚小妖精前來幫忙。祂們會很快來到你身邊，給你留下該怎麼做最好的印象。祂們也指揮蜜蜂幫忙花朵更有效率地授粉。

淘氣小精靈與樹木合作，因此不妨詢問祂們，該怎麼做才能幫助你的樹木。

地精很小且非常害羞。祂們在地底下工作，療癒較深層的土壤與岩石。

丑妖精是非常有智慧的五維大自然存有。祂們發展出巨大的心輪以及莫大的愛的能力，因此可以協助你完成許多事。

你可以召喚土龍來清理住家底下的能量，尤其是地脈的能量。

水元素精靈

這些存有只由水元素構成。

美人魚照顧海洋、湖泊、河川的植物和動物。

水仙女昂丁們讓世界各地的水域保持流動。

奇希爾（kyhil）剛到地球上。祂們是前來幫助淨化世界水域的小小元素精靈。你可以祝福祂們，有意識地指揮祂們去到需要協助的地區。

植物因基督之光無條件的愛與保護而茁壯成長，水龍將基督之光散布到所有的水之中，包括雨水和大氣中的濕氣。

火元素精靈

這些存有只由火元素構成。

火蜥蜴在火中蛻變低階能量。祂們回應你的情緒，因此在生火或試圖滅火的時候，請保持冷靜！當人類恐慌時，祂們便助長野火。

火龍比較穩定，而且會用乙太火焰保護你和你的花園。祂們也會燒掉你周圍或特定地方的任何負面性。祂們將會保護黃金未來的巨型塑料大棚。

木元素精靈

沃柏頓（warburton）是五維的樹木元素精靈，也是非常有智慧的存有。祂們多半出現在古老的林地中，但是當我們開始在世界上重新造林時，祂們的知識和智慧將會特別有幫助。

綜合型元素精靈

小惡魔由土、風、水元素組合而成。這些小小的元素精靈只有二點五公分高，祂們讓空氣進入土壤，幫助種子生長。如果該區裡有小妖精，祂們便與小妖精合作。

龍可以單純由土、風、火或水構成，也可以由任意三種元素組合而成。這些睿智、心胸開闊的存有可以無數種方式幫助你，而且可以成為你的知己好友。

半人半羊農牧神由土、風、水元素構成。祂們透過光合作用幫助平衡森林的能量。

在黃金未來
幫忙處理糧食生產的人們
將會有意識地與元素王國合作，
好讓農作物美味可口且營養豐富。

為了能夠全年提供新鮮食物，
這些人還會配合月亮的陰晴圓缺，
因為過去的智慧再一次被體認到且得到尊重。

與大天使合作

每一種色光都連結到某位大天使，就跟每一種蔬菜一樣。豌豆有白花，因此在白色光束上操作的大天使加百列（Archangel Gabriel）將能量傳送給那些白花。當你吃豌豆的時候，祂的喜悅和清明就在豌豆裡。許多紅花菜豆有鮮紅色的花朵，當你食用紅花菜豆時，強而有力的大天使麥達昶便將揚升振動增添到紅花菜豆中。當我食用開黃花的櫛瓜時，我總是感謝大天使烏列爾（Archangel Uriel）帶著智慧的力量。食用蔬菜是吸收天國之光的一種方法。

啟明大師「威尼斯人保羅」正與大天使們合作，為新的黃金時代擴展色光。我們已經可以在大受歡迎的玫瑰金和閃閃發光的多色調色澤中看到這點。祂目前與「大自然天使」大天使波利梅克（Archangel Purlimiek）合作，擴展花朵的色彩。這將促使大天使們能夠透過黃金未來的蔬菜帶來更高階的振動。

觀想14

黃金未來的糧食生產

- 花點時間放輕鬆，舒舒服服地呼吸。
- 想像你置身在未來的塑料大棚內，範圍之廣超乎你目前的概念。
- 大大的水晶們將這個區域水晶陣化了。
- 優美柔和的音樂正在播放。

- 純淨、清澈、波光粼粼的溪水潺潺，流經巨大的塑料大棚。
- 所有蔬菜都很健康、美味可口，豐盛地生長著。
- 色彩鮮豔的光在蔬菜之間四處閃爍。
- 你意識到這些是小仙子們，然後你覺察到其他元素精靈。
- 祂們正與園丁們溝通交流，幫助著大棚中的植物們。
- 一位小仙子或元素精靈來到你面前，祂有什麼訊息要給你呢？

第15章

黃金時代的未來動物

動物最初投生轉世是為了與我們分享地球。牠們來自各個宇宙，而且跟我們一樣，居住在不同的大陸。某些人對特定物種有份靈魂上的親和感，而牠們對我們也有同樣的感受。對其他物種則感覺很陌生。

神性計畫（divine plan）是，我們與動物們一起生活和學習。牠們以右腦和心為中心，而我們人類主要從左腦和心智操作。兩者都無意更勝一籌或主宰統治。

亞特蘭提斯時期的動物

在整個著名的亞特蘭提斯黃金時期，動物備受推崇，被尊重地對待。牠們投生轉世，為我們提供服務，人類帶著愛和感恩接受牠們所提供的一切。

乳牛、公牛、馬、山羊、豬、綿羊被認為是家庭的一部分。每個孩子都有一隻狗和一隻兔子，而貓則看守著住家和寺廟。

所有動物都素食，包括貓在內，牠們的下巴結構和消化器官不同於今日。

當亞特蘭提斯的能量衰敗時，某些人類針對動物做實驗，對牠們進行無性繁殖。許多這類人們在如今的末日時期再次轉世，而且正重複著他們以前的行為。隨著頻率不可避免地上升，這種情況一定會停止。

宇宙時刻的影響

在二〇一二年的宇宙時刻，當「本源」能量觸動了每一個有情眾生的內心時，動物的靈性進度加速了。許多展開了邁向五維的旅程，同時已經處在五維的動物則揚升進入更高的頻率。

某些動物現在已經學到了牠們生活在地球上所需要學習的一切，因此準備好要撤離。牠們將會滅絕。不過，生物只在地球表面滅絕。在中空地球（地球中心巨大的七維脈輪）內，牠們以乙太形式繼續存活。

其他基於三維世界設計的物種，尚未準備就緒或不傾向於生活在更高的頻率，將會返回到牠們原本的星球或選擇移居到與舊地球相似的另一個層面。為新的黃金時代做好準備的全新五維動物將會取代牠們。

黃金未來的動物

所有動物、樹木、花卉、蔬菜
都不可避免地邁向更高的頻率，
不久將會散發出金色的氣場。

農場動物

某些動物簽了約，要提供產品或肌肉力量，藉此為人類服務。但是到了二〇三二年，幾乎每一個人不是素食者就是吃海鮮素。到了二〇五〇年，人們將會只吃植物性食物。動物農場將會被淘汰，許多動物將會返回到自己原本的星球，處理牠們在地球的體驗並決定未來的靈魂旅程。

屠宰場將會自然而然地關閉，

其下方和周圍的土地會被深度淨化。

不過，在農民衷心疼愛其動物的地方，某些動物將會留下來陪伴。新的意識意謂著，牠們會很自由。人們在必要的時候繼續照顧牠們，但是擁有另一隻生物的概念會煙消雲散。

某些農場動物可能希望體驗沒有人類支持的生活，因此牠們會在鄉野或森林漫步。

母雞來自十維宇宙，而且是高度進化的，牠們將會自由閒晃，為需要的人們提供雞蛋和羽毛。牠們最初來到地球是為了示現，帶著喜悅的服務是揚升旅程的重要部分，而決定留在地球上的母雞則是基於在肉身中的純粹喜樂，牠們將會繼續散播快樂與愛。

許多綿羊來自昴宿星團，牠們將會留下來，自由地吃草，療癒人們和這片土地，在需要的地方提供羊毛乃至羊奶。

豬也來自昴宿星團，為的是向人們與這片土地散播愛和療癒。儘管我們那樣對待牠們，牠們卻願意留下來，繼續支持我們邁入黃金未來。

來自獵戶座的山羊的智慧將會被體認到，而喜愛山羊的人們可以繼續照顧牠們。這些山羊很開心有這樣的愛的鏈結，牠們會心甘情願地將羊奶獻給這些人，製成奶酪或肥皂。隨著我們尊重牠們，牠們也會藉由調頻聆聽我們的需求以及牠們自己的需求，反過來敬重我們。牠們不會再胡亂咀嚼沿途的一切。

關於黃金未來的一切還沒有寫完。乳牛是美麗的五維存有，來自天狼星的揚升面向「拉庫美」（Lakumay）。牠們攜帶著神聖的母性能量，而公牛則具體化現「神聖男性」。牠們投生轉世到黃金時期的亞特蘭提斯，當時人們以愛和尊重善待之，公牛和乳牛就像家庭的一員生活著。作為回報，牠們提供營養豐富的牛奶，完全針對人類的需求。不過，自亞特蘭提斯隕落以後，牠們受到嚴重虐待，導致好幾年前許多牛死於瘋牛病和口蹄疫，於是成千上萬的牛隻被火化。當時牠們的「超靈」（oversoul）正在與銀河聯邦理事會討論，牠們應該作為一個物種留下來，還是離開地球。牠們同意要留下來，但是否會永久留下來，目前還不知道。

寵物

許多人已經多次與我們的寵物一起投胎轉世，就跟我們與自己的孩子一樣。宇宙確保每一個人最終與適合的家庭在一起。正如被收養的孩子經由另一位母親來到地球，然後到達靈魂選擇的家庭，寵物也可能會有不只一個家，然後才抵達適合的家。但是牠一定會來到那個家。沒有所謂偶然。

狗來自天狼星，正在教導我們無條件的愛。牠們與愛狗的人類建立牢不可破的連繫，而這將會持續進入黃金未來。幾乎每一個家庭都會有一隻狗，而且因為有周圍大自然環繞的小型社區，就會有更多的空間讓狗狗一起享受生活。

天竺鼠從金星（宇宙之心）投生轉世。牠們付出和接受愛，牠們的目的是打開人們的心並治癒那些心。牠們將會繼續表現出色，進入新的黃金時代。

貓科動物

貓科物種起源於獵戶座。所有的貓都非常有智慧且具有難以置信的通靈能力。牠們知道正在發生的一切。家貓在精神上守護著家庭和住家，使家庭和住家遠離低階能量。老虎和獅子守護著地球，阻止並化解不需要的外來影響。這非常重要，而且整個貓科動物王國在照顧我們和地球方面表現得非常出色。

隨著新的黃金時代逐漸進步，需要吃肉的動物將會撤離地球。不過，貓將會在地球上繼續牠們的靈魂進程，因此在無害的新範型中，牠們將不得不成為非肉食動物。改變牠們的消化結構和牠們的下顎需要幾百年時間。因此，在與銀河聯邦理事會協商後，決定未來會發生比較快速的過渡變遷，讓每一代的新小貓都更接近預期的結果。

不管怎樣，貓的重要看護角色將會一直持續下去。

昆蟲

地球上的昆蟲正以驚人的速度死亡。不管怎樣，隨著我們接近黃金未來，一定不會再使用大量毀滅許多物種的頻率。新頻率將會在較高的層次操作，對昆蟲、動物、人類無害。

未來將會只採用自然有機的種植方法，而且隨著土壤、空氣、水再次變得純淨而清澈，昆蟲會迅速繁殖。昆蟲也正在提高牠們的振動，丟掉身上的螫刺。

五維的昆蟲——蜜蜂、蝴蝶、瓢蟲、螞蟻——會在黃金未來繼續留在地球上，不僅致力於幫助地球，同時持續運用牠們攜帶的神聖密碼影響我們。

由於新的黃金時代的到來，人類的意識急劇地轉換，我們將會尊重並感激昆蟲為我們所做的一切。

無害的好處

請記住，黃金未來的關鍵品質之一是無害。動物將會從牠們原本的星球帶來更多的智慧，為所有物種之間的友誼鋪平道路。大家會和睦相處。

到了二〇五〇年，世界會完全改頭換面，
成為團結與信任的地方。
人類與所有動物將會友好、和平地生活在一起。

觀想 15

黃金未來的動物

- 找到一個你可以放輕鬆的地方。
- 深吸一口氣，敞開心扉。
- 你身在動物受到愛護和尊重的黃金社區。
- 一件無害的金色斗篷裹住你。
- 一隻山羊走到你面前，你撫摸牠，接收到從牠的內心迸發出來的愛。
- 雞在你身邊咯咯叫，自在地啄食。
- 一隻狼走過來，坐在你身邊，你開心地拍拍牠。
- 所有動物都安全無虞，你也很安全。
- 好好注意這感覺如何。

第16章

住屋與黃金城

新的黃金時代將是社區、團結、好玩、友善、和諧的時代。這將會反映在房屋上，房屋將會成群建造，緊貼著土地的輪廓而建。它們將擁有共享的設施，因為這些會被認為比較合乎生態效益以及比較不浪費，而且促使每一群房屋能夠自給自足。隨著團結變得日益重要，個人空間的概念會逐漸淡去，何況團結是新意識的一部分。因此，舉例來說，人們將會相互結伴，一起切菜，一起吃飯，而且就只是想要這樣。

由於黃金未來沒有所有權，因此房地產之間沒有邊界圍籬或柵欄。在這些以心為中心、悠閒的時代，總有成年人樂於照顧幼兒。孩童、狗、貓、雞自由地漫步，因為在五維意識中，尊重一切人事物，而且正如我們之前所見，這也延伸到動物。

標示新的黃金時代的另一個元素是歡笑和輕盈。因此，我們現在多半無法想像的好玩事物將會被建造在房屋裡。目前可以看見的類似物品有，從樹上盪進池子裡的鞦韆、有斜坡向下滑進臥室的隧道、或穿流過起居室的小溪——所有這些都是單純的休閒娛樂。

建築結構

在五維頻率中，不再需要建築許可，只有一份為至善創造和諧與美的集體渴望和意圖。就我們目前的理解而言，這還是難以想像。不管怎樣，新意識將會顯化出非凡的新世界。社區住宅的統一願景將會允許住宅能夠以完美的方式被建造，讓大家都滿意。

打個比方，一群音樂家齊聚一堂表達一個主題，或許是喜悅。他們協調彼此，大家心連心，抱持喜悅的願景，於是自動地一起彈奏，創造出美麗的曲子。而房屋、集體建築及其基礎設施、道路、新林地、果園或野花草地的安置，也會以同樣的方式決定。

未來的房屋將由堅固、耐用的植物材料建造而成，這些材料可以被擠壓成任何形狀，採用目前我們還沒有概念的技術。神聖女性氣質將會顯而易見，所有住家和建築物都會是圓形、橢圓形或弧形。在富於想像力的黃金未來，許多人會設計具有流動、非凡美學形狀的住屋，有著特殊形狀的窗戶。沒有各種角度，能量可以輕易地流動，從而保持高頻。

唯一的例外會是金字塔。許多建築物將會形成這種強而有力的形狀，但這會出現得比較晚，在二〇五〇年之後，屆時，地球的電流可以再次被導引至流經這些結構，以此支持在其尖端的水晶。

隨著樹木、岩石、自然形態受到敬重，建築物的建造將會緊貼著樹木、岩石、自然形態自在而恭敬地流動。

建築物的地基將會採用目前尚未發明、能讓大地呼吸的材料。這意謂著，居住在這些住屋中的人們能夠直接與蓋亞女士的愛、智慧、喜悅連結。

多數的住家會是單層，因為人們希望與大地保持連結。生活在地平面將是有可能的，因為首先，地球的人口會減少，因此有許許多多的土地可用。隨後，人們會開墾目前無法居住的土地（例如沙漠以及現在被冰雪覆蓋的地區）。

儘管創造出來的所有建築物都經久耐用，但是當建築物完成其服務目的時，卻可以輕易地被拆除，因為它們會是完全可生物分解的。如果需要更多的空間，它們也可以立即擴大。

屆時的住家將會明亮而多彩，反映建造它們和居住其中的人們的快樂心情。窗戶將由尚未發明的某種新材料製成，可以保持房間明亮或昏暗，以及根據需要溫暖或涼爽。

住家將由當地的社區建造。因此，如果你需要一棟房子，一群有意願且熱愛建造住家的鄰居、朋友或陌生人將會開開心心地聚集在一起，根據你想像的設計為你建造住家。

在新意識中，

每一個人都明白我們全是一體。

你為自己或他人做事，兩者之間並沒有分別。

使用新材料，結合機器人科技與充滿愛的個人手工製作，可以迅速地將住家建造起來。後來，許多建築材料將會從尚未顯化的領域突然降臨。

一如既往，因為更高的意識很和諧，所以所有建築物將會相互融合，也與周圍的自然環境融為一體。

保育與廢物處理

儘管生態能源將在二〇三二年之後不久免費獲得，但是人們將會敬重大自然提供的一切。每棟房屋的建造將附帶地下水庫。先進的太陽能電池板會為所有屋頂增光添彩。新技術會以我們目前尚未想到的方法取代所有公共設施，例如排污系統或垃圾清運。

所有食物都很新鮮，因此不需要製成罐頭或包裝。織品具有自動清潔功能而且不會起皺褶，因此洗衣機和熨斗過時了。世界上只有某些地區使用冰箱和冷凍櫃。專為三維振動設計的微波爐將會升級成無害形式，而炊具和烤箱則會煥然一新，截然不同。

電視和我們現在的電腦可能隱藏在閣樓的某個被遺忘的角落，被認為是怪異的古董。

在我們的科技時代創造的所有商品——交通工具、家具等等——都需要被處理掉。在二〇五〇年之後不久，令人敬畏的全新非物質化技術會將這類產品還原成它們的原子形式，而獨角獸則會把原子殘渣帶進宇宙中處理掉。

來自另一個宇宙的極小元素精靈奇希爾，前來幫助我們淨化海洋與河川，祂們一直做著果敢的工作。不管怎樣，隨著世界頻率上升，靈性科技將會接管，從而提純淨化整個水域。

黃金城

在二〇三二年之後不久，黃金城將會開始在世界各地崛起。黃金城是基於所有居民的至善而建立的生態社區。它們與我們目前的城市概念幾乎沒有什麼關係，一部分原因是它們雅緻、寬敞，相對規模較小。所有的房屋、土地、樹木都散發出金色的氣場。

這些城市會自然而然地建在地脈上或地脈交叉處。每一處這類社區將會連結到某個特別的行星或恆星，某些更連結到不只一個行星或恆星。如果你源自和諧宇宙的那個部分，你就會被吸引到那座城市，與你的靈魂朋友連結。它將會成為能量之門，通向你的原始家鄉。

第一座這類奇妙的城市會建在山區或冰雪已經淨化了當地土地的地方。之後，其他這類城市將會出現在頻率高的特殊地方，而且迷人的單層房屋將會貼著樹木和自然景觀建造。

氣候變化以及世界地理結構的某些改變將意謂著環境不同於現在，這些會以最佳方式被安排好。舉例來說，未來幾年，某些城市會建在水上，某些城市則建在山裡或地底下。不管怎樣，公民們的高頻能量和歡樂意識將會意謂著，無論他們身在何處，都可以享受快樂、有創意、充滿愛、靈魂充實滿意的生活。

適用於前述建築群的一切均適用於黃金城：建築物將會依據神聖女性原則，由心胸寬大的人們為彼此共同建造，而且不會有產權問題，因為在五維之中，所有權被認為沒有必要。

每一座黃金城將會繞著流動的水建造，包括天然的泉水、河川、瀑布或海洋。藉由水晶和磁石，水域會自動地保持清潔而純淨，才能提升整個地區的振動。

誠實、有心於社區的居民，將在黃金城內建造公園、溪流、湖泊，那些地方會有船隻和運動器材免費提供給任何人使用。一座座廳堂由志工們建造，用於室內運動、藝術或創意工作室以及各種社交聚會。在新意識之中，人人感到快樂、自信、有歸屬感，因此每一個人都會感覺到歡迎參與任何活動。

黃金城的每一區土地內都會有方便聚會、歡笑、分享的公共區域。

某些早期的黃金城將會建在挪威、瑞典、奧地利、德國、希臘。

希臘特別有意思，因為帕德嫩神廟建造在最初由亞特蘭提斯大祭司波賽頓在亞特蘭提斯高階女祭司雅典娜（Athena）的協助下，建造的宇宙級金字塔的遺址上。雖然這座金字塔在好幾個世紀以前就被摧毀了，但是原建築內蘊藏的高頻能量和資訊仍舊蟄伏在那裡，等待著地球的昆達里尼被喚醒。當這種情況在二〇三二年之後不久發生時，一座黃金城將會出現，連結到昴宿星團這個療癒星座。希臘將會成為未來在健康和療癒方法方面的世界領袖。

芬蘭保有非常純淨的光，而且直接從地球的「星系門戶」脈輪（北極）接收能量。它不需要黃金城，因為芬蘭整個國家將會成為一個黃金社區。

不久之後，黃金城將會出現在俄羅斯、蒙古、世界許多其他地方，為人們帶來喜悅和滿足。另外有些國家，例如芬蘭，並不會建造黃金城，但是將會發展黃金區。在此，土地和住家將會散發金黃璀璨的五維之光和幸福快樂。

生活在黃金城內

- 安靜地坐著，閉上眼睛。
- 想像你周圍的一切都和平而快樂。
- 你可以聽見鳥兒唱著歌、輕柔的風鈴聲、悅耳的笑聲。
- 你正走在一條清澈、純淨、波光粼粼的溪流旁。
- 它流經寬敞、雅緻、圓形的低樓層房舍。
- 到處是綠色的草坪、色彩繽紛的鮮花、樹木、噴泉。
- 你看見的人們向你揮手。
- 你注意到他們全都以悠閒、知足的方式移動。
- 而且你看見一切人事物散發著柔和的金色能量。

第17章
無遠弗屆的旅行

人們總是想要看見世界的奇觀，這份渴望是許多人與生俱來的。

黃金時期的亞特蘭提斯是從只有基本的生活必需品且沿著小徑步行的時代，進步到使用種種難以想像的先進交通工具。即使在亞特蘭提斯早期，某些人們也有辦法瞬間移動，以及運用心靈遙感（telekinesis）將自己和材料從某個地方移動到另外一個地方。最終，透過靈性科技，他們創造了飄浮板，兒童和成人都可以踏在飄浮板上沿著地脈短途旅行。飄浮板是由目前地球上不再存在的金屬製成。隨著亞特蘭提斯日漸進步，靜音生態空中巴士，尺寸從小型到極其巨大，以難以置信的速度在不同的高度沿著不同的頻帶行進。

關於運輸，

我們重複了同樣的學習週期，

不過我們還沒有抵達接近亞特蘭提斯人的能力。

在新的黃金時代，
我們將會大大超越他們的成就。

二〇三二年之前

在邁向二〇三二年之前充滿挑戰的時期，旅行會變得比較困難，因為我們一直使用的化石燃料將會供應短缺而且越來越昂貴。在新的生態動力出現之前，旅行（尤其是公路和空中旅行）必會減少。

因此，國際間的商品流動將會衰退，直至最終停止，而這會導致超市和購物中心的結束。仰賴出口的國家將需要發展本地的製造業和商業。沒有世界各地的大量進出口，每一個人在幾年內將會仰賴本土糧食和本地製造的產品。

騎自行車會成為一種非常流行的移動方式，因為無須燃料，加上道路上的運載工具比較少，騎自行車會比步行更快、更輕鬆。公車、火車、渡輪等公共交通工具也會再次流行。

短期內，
似乎一切倒退了，

但這只是舊範型幾乎崩潰之後、
新範型出現之前的恢復期。
這也是讓人們共享運載工具的機會。

二〇三二年之後

旅行選項

一旦新型的免費生態動力出現，人們必會滿心歡喜地重新開始旅行，因為不久就能提供安全、快捷的選項。各種交通工具將由迄今為止無法想像的可生物分解植物材料建造。

在高階意識中，
無論你需要什麼，都會唾手可得。

每個社區都會有共乘車，如果你需要一輛，這個念頭一送出去，需要的車輛就會為你而出現。就我們目前的理解而言，這似乎難以置信。多數汽車將會無人駕駛，不過某些人可能偏愛有司機，就此而言，會有志願者擔任司機的角色。這些汽車必會安全無虞，因為我們最終從蝙蝠身上學到了先進的聲納技術。所有運輸工具都會結合確保車輛避免互撞的技術。

相對而言，道路上來往的車輛會比較少，而且房屋的建造不會附帶車庫。

本地旅行

若要短途旅行，許多人們（尤其是兒童和青少年）將會踏上個人的飄浮板。這些就像一個個大圓盤，你可以坐上去或站上去，它們會飄浮在地面上方，帶你去到你指定的目的地。大部分的人們將會有能力飄浮和瞬間移動，我會在後續某一章討論這到底涉及什麼。

專為一、兩人或一個家庭設計的小型靜音直升機也會成為標準配備。假使你需要旅行到比所在社區更遠的地方，一輛小型靜音直升機將會出現，載你前往目的地。

長途旅行

屆時將會有大型、舒適、安靜的空中巴士，可以搭乘這類空中巴士以難以置信的速度做長途旅行。還會有一種空中列車，在此，你自己的小型交通工具連接到某具引擎，與許多其他小型交通工具一起去到同一個地方。你還是待在你個人的交通工具中，因為大家都會以超出我們理解的速度被運送到目的地。到達目的地之後，你的交通工具便脫離引擎，讓你可以如己所願，自由地繼續你的旅程。

當全世界建立起和平與國際合作時，護照和所有身分證明將會消失。當人類體認到我們是一體的時候，每一個人都會彼此擁抱、相互歡迎。不再需要任何疆界。人們可以自由地旅行到全世界的任何地方。

水路旅行

隨著我們變得更為沉著、更加和平，我們深沉內斂的五維天性開始湧現，緩慢的海上航行或江河巡遊將會吸引許多人。

二〇五〇年之後

最終，生態動力飛機（其流線型設計的形狀很像我們目前的火箭）將會以迄今難以置信的速度將人們運送到世界各地，不過這要到二〇五〇年或大約那個時候才會實現。
人類將會再次獲准探索太空，因為屆時的意識將是謙遜而非本該擁有這項權利。

回歸大自然

靈性科技將會進步得非常快，使我們能夠做些令人驚歎的事。不過，我們越前進，就越想要落葉歸根。我們體認到，我們的「地球之星」脈輪越進化，就可以在靈性上爬得越高，於是將會想要與地球和大自然連結。

步行和騎自行車將會成為旅行以及休閒運動的選擇。家庭和一群朋友會樂於一起旅行，觀摩或參加與其他社區或國家的比賽。這將是基於好玩和取得卓越的成就，而不是為了競爭。

由於到達偏遠地區變得比較容易，喜愛登山、探險、洞穴探勘的人們會越來越多。

園藝尤其是最愛，結合與地球和自然界的連結，伴隨種植植物以及與元素精靈王國交流帶來的滿足感。於是許多人會很喜歡參觀世界各地雅緻的花園和名勝景點。

黃金未來的旅行

- 安靜地坐著，閉上眼睛。
- 想到你想要造訪的某個當地地方。
- 看見自己走到家門口，門外有一種交通工具等候著你。它是什麼樣子的呢？
- 進入或登上那輛交通工具，在心裡命令它帶你去到你想去的目的地。
- 好好享受這趟輕鬆、安靜、舒適的旅程。
- 抵達後，下車，好好環顧這個金黃璀璨的新世界。
- 你想要造訪另外一個國家嗎？決定一下要去哪裡。
- 交通工具會立即出現，帶你去到某個中樞，在那裡，你進入巨大的火箭型運輸工具。
- 你與同行的旅客聊天。
- 幾秒鐘後，你抵達了選擇的國度。
- 走出運輸工具，花時間好好享受這個地方。
- 返家後，知道你可以自由、快速、輕易地到你喜歡的任何地方旅遊。

第18章 靈性律法

當播下第五次也是最後一次亞特蘭提斯實驗的種子時，來自各個宇宙的五維存有自願參與實驗。他們都沒有來過地球，彼此以前也沒有見過面，因此那是一趟進入未知領域的旅程。這些陌生人不得不分享與合作，而且由於這份必要性，亞特蘭提斯的黃金時期出現了。

在這段時期開始時，大祭司托特為公民們制定了生活上恪守的靈性律法。當時有一份冗長而詳細的清單，列出不同的行為在靈性上的結果，於是人人推崇這份智慧，恪守這份智慧生活。

當亞特蘭提斯隕落且世界成為三維的時候，我們最終創建了當前繁瑣的法律制度。未來，我們的健康法和安全法必會淪為笑談，同時彼時的人們將會慈悲地看待我們專斷而過時的法律制度。

在黃金的未來，不會有法律制度，

因為不需要。

不同的靈性律法

當偉大的啟明大師耶穌投生時，祂將托特的靈性律法簡化成三十三條律法外加三條超然律法。這些靈性律法分為四種。

生命的基本律法

「如其在上，如其在下」、「如其在內，如其在外」都是基本律法。耶穌還概述了其他基本律法：

- **請求法則**，這提醒你，如果你想要來自靈性界域的某樣東西，你必須提出請求。
- **吸引力法則**，根據該法則，你吸引到的人們和情境完全反映出你的某個面向。
- **反射定律**，據此，發生在你生命中的每一件事都反映出關於你的某樣東西，因此舉例來說，如果你撞了車，請反問自己，什麼人或什麼東西正在敲擊你。

- **抗拒法則**，據此，無論你抗拒什麼，那東西都會持續存在，因為你正在運用你的思想賦予它能量。
- **投射定律**，在此，無論你在別人身上看見什麼，那東西其實都在你之內，而且你已經將它投射到對方身上。
- **執著定律**，此定律聲明，你可以擁有你想要的東西。不過，假使你有條件地渴望某個結果，此定律便使它無法發生。一旦你放手，那個人或情境便自由地來到你身邊或基於你的至善離開你的人生。

創造的律法

第二組靈性律法包括：

- **關注定律**，此定律聲明，你真正關注某樣事物的確切百分比會顯化出來。正向思想比負面思想具有更強大的電荷。
- **流動定律**，這影響你人生的各個領域，因此，假使你清理自己的住家或工作場所，卡住的情境便轉換。同樣地，假使你釋放掉堵住的情緒或阻塞的思想，你的人生領域就清明開朗。

- **豐盛定律**，此定律說明，你需要的一切事物都唾手可得，而且和善的宇宙希望你擁有內心的渴望。當你的信念和行動與你的渴望契合時，豐盛的大門便對你開啟。當你是五維的時候，你的需要和欲求便自動地被應允。
- **清明法則**，此法則告訴你，困惑使你卡住，耗盡心靈能量，而清明的決定則使你自由。
- **意圖法則**，此法則與「清明法則」非常相似，但是更有力量。明確的意圖就像瞄準目標的箭，再也無法轉向，因此，知道自己想要什麼非常重要。
- **繁榮法則**，根據此法則，你必須在思考、說話、行動時宛如你已經擁有許多，藉此校正自己，對準繁榮意識。你還必須負責任地運用你的財富。宇宙希望每一個人都繁榮昌盛。
- **成功法則**，此法則聲明，當你的振動與你渴求結果的振動匹配時，你便取得成功。就物質角度而言，你的信念創建你的成功或失敗。

此外，還有「顯化法則」（the Law of Manifestation），往往被稱作「吸引力法則」，但兩者也有差別。若要啟動顯化法則，你必須全心全意地聚焦在你想要的事物。你可以描繪它或談論它，彷彿你已經擁有它，然後觀想它向外走，進入宇宙。下一步是想像並感覺彷彿它就在你的人生之中，而且行事彷彿就是這樣。這非常強而有力，所以你必須聲明，你只希望你的願景可以基於全體的至善而顯化。假使你只是將這股力量用於實現自己的渴望，那麼你必會把心願帶進你的人生，但也會同時製造業力。近年來，顯化法則的力量已經被濫用了，這阻礙了整個地球的進步。

更高覺知的律法

- **平衡與極性法則**，此法則提醒我們，重點在於：保持歸於中心且著眼於自身性格在兩極之間擺動的面向，舉例來說，成為霸凌者與當個受害者、慷慨大方與小氣吝嗇、關懷體貼與粗心大意。當你體認到自己的這些面向時，你就可以讓自己保持平衡。
- **業力法則**是，「你給出什麼，就收穫什麼」。這點持續演出好幾個世代、好幾輩子，隨著我們接近五維的新黃金時代，這個法則即將結束。
- **輪迴法則**提醒你，你的靈魂踏上一趟漫長的旅程。如果地球上還有更多東西要你學習，你就會一次又一次地返回，直到你融會貫通了那些靈性律法為止。
- **責任定律**明確地表示，你最終要對你的每一個想法和行為負責，包括你如何照顧自己和你的小小孩。不過，你不對任何其他人負責，而且如果你為他人做決定，就要承擔由此產生的任何業力。
- **區別法則**在當前許許多多錯誤資訊被傳播散布之際尤其重要。它告訴你，要聽從你的直覺以及決定什麼東西適合你。

- **肯定法則**明確地表示，你的頭腦就像電腦一樣運作。你不斷重複的每一個想法或字詞都會進入電腦並對其進行編程。因此，做出正向陳述並肯定地表明你是誰或你想要成為誰極其重要。你必會成為那個樣子。
- **祈禱法則**提醒我們與神對話的力量，因為神總是回應發自內心、意圖純淨的人們。有時候，神悲憫地說：「不。」但請記住，當你請求、相信時，你請求且相信的事物就已經被應允了。
- **靜心法則**提醒我們，好好聆聽神是很有力量的；它聲明，當你讓頭腦安靜下來時，神就有機會讓祂的想法進入你的頭腦。
- **挑戰法則**是為了在光明與黑暗的三維世界中保護你。假使某個存有進入你的空間，在此法則之下，如果你詢問三遍：「以基督之名，你是最純淨且最高階的光嗎？」對方就必須給出誠實的答案。

更高頻率的律法

- **頻率法則**聲明，振動較高的人們對振動較低的人們產生正向的影響。

• **奇蹟法則**非常簡單，因為它提醒你，當你提升你的振動時，什麼事都可能會發生。

• **療癒法則**說明，當你引入純淨的光時，它蛻變低階能量，於是療癒發生。

• **純淨法則**提醒你，你的氣場保護你，當它完全純淨時，你百分之百安全。

• **視角法則**宣稱，在神眼中，一切完美，所以假使你不喜歡眼中所見，就必須改變你的視角。

• **感恩法則**說明，真誠的感恩打開人們的心，也打開神的心，神將會把豐盛贈予你。

• **祝福法則**觸及你以神性能量祝福的人，而且你也得到祝福。

• **聖諭法則**非常強而有力，因為你的聖諭撼天動地，使祂們依照你的吩咐執行。

五維生活的超然律法

耶穌許多年前為人類揚升提出的三條超然律法，與我們在新黃金時代將會恪守的法則相同，它們是：

• **信心法則**：信心是最偉大的力量。如果你的直覺告訴你，某事是對的，那麼你堅定不移地相信自己的願景就會使其成功。

• **恩典法則**：恩典是神因悲憫而特許，它是由無條件的愛、慈悲、同理心、寬恕等品質賦予的。

- 一的法則：我們全是一體，所以你不可能傷害另一個人卻沒有傷害到你自己。

還有一些次級律法，例如「常識定律」和「責任定律」。

監控的社會

假使某人的行為舉止不符合五維，該怎麼辦呢？會有懲罰乃至坐牢嗎？答案是不會，這些不符合高階意識。一定會有一份體認，明白我們都是凡人，不帶評斷。這個人將會被愛、和諧、恩典包圍。

萬一某人墜入不太可能發生的三維活動，這人勢必不再想要留在地球上，他會尋找可以讓自己好好演出感情大戲的另一個星球。

靈性律法
將是唯一需要的指引。

恪守超然律法的生活

- 找到一個你可以安靜下來且不被干擾的地方。
- 閉上眼睛，放輕鬆。
- 想像一下，如果你對自己的願景有百分之百的信心，你的人生會是什麼樣子。
- 看見人人對人類的良善百分之百有信心的世界。
- 想像一下，如果你始終帶著恩典行事，你的人生會是什麼樣子。
- 看見人人帶著恩典行事的世界。
- 看見人人生活在一體和諧中的世界。
- 將這份感覺帶出來，帶進日常生活中。

第19章

療癒地球

遺憾的是，自從工業革命以來，以及之前在亞特蘭提斯第三次實驗期間，我們已經嚴重污染了由我們照顧的這個瑰麗的星球。不過，由於意識的提升以及人們逐漸覺知到人類造成的損害，我們正在設法糾正這點。

核污染

亞特蘭提斯的第三次實驗，早在亞特蘭提斯黃金時期出現之前就結束了，因為一系列核彈在地下引爆，不顧一切地努力殺死已經開始肆虐地球的侵略性巨型動物。西元前五二〇〇〇年的五國會議勉強做出了這個決定，因為他們無法找到和平的解決方案。那麼做確實殺死了巨型動物，但是最終，人類也滅亡了並返回到自己原本的星球。

那些炸彈的核殘渣仍然影響著地球，啟明大師「彼得大帝」（Peter the Great）已經為了清理核污染而努力了好長一段時間。現在某些科學家和元素存有們正與祂合作。此外，在靈性上覺醒的人類，正在運用祈禱和觀想的能量加速核污染清理的過程，而且因此產生的非凡效果是人類無法真正了解的。

氣候變化

然而，氣候變化不能完全歸因於人類的活動。地球上的氣候在數百萬年間經常發生變化，在此期間，我們經歷過冰河期、乾旱期以及極移（pole shift，譯注：又稱地極移動，意指，地球自轉軸在地球體內的位置發生變化，因而造成地極點在地球表面上的位置改變）。當前的大部分變化是由宇宙的力道引起，因為我們的世界要改變的時候到了。請記住，早期，溫帶森林曾經生長在如今被冰凍的南極覆蓋的地區。世事無常啊！

銀河聯邦理事會刻意地淨化和準備好長久以來在北極冰層底下的土地，好讓未來文明可以在那裡生活。目前冰層融化導致海平面上升，最終許多不屬於新範型的低窪工業城市將會被淹沒。沿海地區的某些人們會採取行動；舉例來說，他們會創建漂浮城鎮，這些將會成為五維的居住地，乃至黃金城。

世界各地將會出現搬到山區居住的趨勢，因為山區也已經被冰雪和瀑布淨化了。

新島嶼將會從海洋中升起。這類土地勢必已經被海水滌淨了，一旦海水淡化，就會有人居住。

隨著新的黃金時代日益接近，改變正非常快速地發生。不過，至少在一百年內不會發生極移。

自然界的變化

許多樹種目前正在滅絕，因為它們再也無法應付不斷變化的氣候。還有某些重要因素，例如污染、能量卡在地脈中，以及（鮮為人知的因素）欠缺人類的欣賞。樹木是有情眾生，它們在能量上回應人類。我們有雙向共生的關係。

在黃金未來，將會出現能夠應付不同天氣狀況的新樹種。當空氣純淨時，地脈閃耀著五維光芒，而我們人類再一次好好欣賞樹木，於是樹木將會高聳矗立，因散發著金色氣場而自豪。

我們也會真正開始喜愛並尊重動物王國。隨著黃金時期日漸進步，新的五維動物將會投生，而我們會照顧並尊重牠們。牠們也會散發出金色的氣場。

目前只有四種五維昆蟲。牠們是蜜蜂、蝴蝶、螞蟻、瓢蟲。只有兩種四維昆蟲：蠕蟲和蠍子。隨著地球頻率日漸上升，更多昆蟲將會提升牠們的振動。我們都將學會尊重牠們，感激牠們為我們和地球完成難以置信的工作。

隨著海洋與河川再次變得清潔而純淨，我們將會認可並欽佩維持海洋與河川的海洋生物。我們會對珊瑚礁特別敬畏，它們將會受到保護並得到鼓勵，可以好好蔓延擴展。這類活岩石與中空地球有著非凡的雙向連結與交流。珊瑚礁蘊藏著地球古老的知識和智慧，而且知道關於海洋的一切事物。所有生活在珊瑚礁內並照顧珊瑚礁的魚都是五維的。

世界資源

石油和礦物

二〇一二年，業力上允許我們從地球上拿取的化石燃料總額已經達到了上限。地底下剩餘的石油需要用於潤滑地殼板塊。因此，目前使用石油或從中牟利的人們正在承擔業力。我們已經看見了某些海嘯和地震形式的業力後果。事實上，從二〇一二年十二月二十一日以來的十年間，大地震次數是原本的三倍。

我們目前從地底下提取礦物的方法正在破壞土地。二〇三二年之後，人們將會憶起不損害地球且可以提取礦物的新方法。這些無害的方法在地球的第二個黃金時代，也就是位於非洲的派特尼姆時代（Age of Petranium），曾經使用過。那段期間，非洲草木茂盛，青蔥翠綠。這份記憶也保存在我們的記憶庫之中。

食物與水

到了二〇三二年，在地球的某些地區，取得足夠的食物和水將是一項挑戰，我們會被迫要互相照顧。如果我們敞開心扉，以五維的方式處理這個問題，就可以為全體提供足夠的東西。個人和國家將會得到指引，邁向自給自足。

在二〇三二年至二〇五〇年的意識大轉換期間，我們將學會用液態氫和石英製造純淨而充足的水，供每一個人使用。

植樹與造林

基於公民們的健康和福祉，某些城鎮已經開始用心植樹。社區逐漸開始建造果園，供每一個人使用，就跟黃金未來的情況一樣，不過這只是剛剛開始形成趨勢。

不久，各國將會合作，開始在世界上資源嚴重枯竭的地區重新造林。當國際的和平與合作出現時，這點必會加速。

樹籬和灌木叢也將恢復原貌。過去，樹籬被拔掉，為農民開闢更大的田地，並用柵欄取而代之，為菜園果園創造更多的空間，造成小鳥的數量下降。

鳥兒在地球上只是為了教導，因為牠們沒有什麼要學。生活在矮樹籬的小鳥教導我們家庭生活，然而隨著科技的發展，這類鳥兒的數量銳減，而為我們唱頌宇宙音信的鳴禽數量也同樣銳減。

隨著小鳥的數量減少，掠食者大搖大擺地闖入。一波烏鴉、禿鼻鴉、喜鵲湧入城鎮。與此同時，大企業席捲全球且吞併小企業。這些鳥兒正在向我們反映，當我們干擾大自然的時候會發生什麼事，也提醒我們家庭生活的重要性。隨著我們再次開始培育大自然，小鳥們將會再次繁殖，而且反映這點，家庭將會再次溝通交流、一起玩耍、彼此互愛。

塵暴重災區將會重新長滿植被，而澳大利亞等乾旱國家將會展開認真堅決的重新造林計畫，開墾灌木叢林地和沙漠。這將會改變澳洲大陸的氣候，使其變得更加宜人與溫和。這反過來又會影響當地的人們，人們因此變得比較溫柔、更加和藹。

而且這個趨勢將會持續出現在全世界。

了解大自然

隨著人口減少，會有更多的綠地再次出現。人們會有更多的閒暇，而且將會探索大自然的奇蹟。自然界的許多神聖密碼已經被遺忘，但是保留這類知識的人們將會挺身而出，教導孩子和成人，而且將會重新點燃我們大家與生俱來對土地的熱愛。

在黃金未來，孩子們從很小的時候開始就會了解大自然和動物王國，而且被教導要尊重這兩者。未來將會鼓勵照顧寵物，因為這麼做反覆灌輸責任感，也教導年輕人理解和尊重不同物種的需求。

隨著逐漸不再仰賴對抗療法，許多人會再次想要了解植物和草藥。覓食會成為流行的消遣。

我們不會再想要將自己的意志強加於大自然上，
而這將允許大自然繁茂興旺。

被治癒的星球

- 花點時間閉上眼睛，放輕鬆。
- 想像你在一座美麗的公園。
- 環顧四周，看見樹木、花朵、人們、動物、土地都有金色的氣場。
- 你沿著小路前行，聆聽鳥鳴，你理解到鳥兒的鼓勵和愛的訊息，不禁莞爾。
- 你與樹木心連心，接收到正向的品質和能量。
- 你身邊小溪潺潺，溪水清澈，泛著銀光。
- 你在自然界裡感到十分安全而放鬆。
- 要知道，你照顧大自然，大自然也會照顧著你。

第20章
新的生態動力能源

到了二〇三四年左右，當全球國際和平確立時，我們將會保持開放，準備好接收嶄新且免費的生態動力形式。這些將會來自我們目前沒有概念的能源。科學家與技術人員將會準備就緒（儘管是無意識地），與天使和外星人合作，帶來新的發明。隨著接收到來自更高界域的資訊下載，他們將會做出非凡的突破。

晶體

在亞特蘭提斯的黃金時期，「大水晶」（Great Crystal）接收純淨的「本源」能量的輸入，為所有的晶體注入動力，提供熱量、光、動力給網際網路和其他需求。舉例來說，如果你研究火箭的引擎，它只內含一顆晶體。

我們目前以非常有限的方式使用晶體，將它們用在電腦和其他科技的記憶體晶片之中。在黃金未來，我們將會再次擁有正確的意識，可以喚醒不同種類的晶體。我們將會知道如何動用它們的原始元素動力以及記憶體儲存容量。

地磁

我們的星球的核心是由液態鐵組成。隨著液態鐵冷卻和結晶，它會攪動熔融金屬，形成強而有力的電流。這些電流流經地球的外核，產生威力強大的磁場，磁場向外大幅延伸，進入太空。這就像我們的氣場保護我們一樣保護我們的星球。它擁有難以置信的動力和力道，而且如果我們在沒有五維合一意識的情況下要利用這股能量，勢必造成毀滅。但是隨著黃金時代日漸進步，我們將會掙得利用這股能量獲取免費生態動力的權利，而且將會被教導如何做到這點。

金字塔動力

金字塔是保存或創造能量的宇宙形狀。科學家們已經知道吉薩大金字塔（Great Pyramid of Giza）可以在其墓室內及其底座收集和集中電磁能。當我們準備就緒時，金字塔動力的祕密就會向我們揭示。金字塔不僅可以提供免費的能量，而且將會是再生和回春的密室。

之前提過，六座宇宙級金字塔是內含地球和這個宇宙的所有資訊和知識的計算機。它們被編排成在二〇一二年開始醒來，為的是啟動地球的昆達里尼。隨著我們的頻率提升，我們將能夠理解並操作金字塔難以置信的程式。

海洋

我們今天能夠利用水力發電作為可再生的動力能源，而在黃金未來，我們將會迷惑不解地回顧這項技術何其有限。當我們最終利用海洋令人敬畏的動力時，今天的水力發電將會看似微不足道。

閃電

雷擊和閃電是大自然的力道，可以蛻變低階能量。雷擊打碎某地區上方的負面性，包括被吹到那個地方的任何負面性。當這點被蛻變時，它在物理上被視為片狀閃電。當它被蛻變成正向力道時，就變成叉狀閃電。這與地脈相連且遍布整個地球。在黃金未來，我們將會學習如何利用和運用這類閃電作為免費的生態動力。

太陽

我們目前利用太陽能，但是當我們擁有和諧宇宙的理解和許可，可以穿越太陽抵達「中央大日」（Great Central Sun，在這個宇宙中，中央大日是所有已知光的源頭）時，我們將會擷取我們現在甚至無法理解的免費動力。那會澈底改革我們利用宇宙資源實現旅行和一百萬件其他事物的方式。

風

我們建造了風力渦輪機，而且認為它們是滿足我們未來能源需求的解決方案。而在未來，我們將會繼續利用風元素的力量，不過是以全新的方式。隨著我們的意識擴展，我們將會與風的元素精靈大師「多姆」（Dom）溝通，而且與祂的元素精靈王國合作。當這種情況發生時，我們便真正能夠管理並利用風來提供先進的電力。

植物能源

我們需要的每一件東西都已經提供給我們了。植物實際上可以有一百萬種我們從來沒有細想過的用途。在黃金未來，我們將會學習如何將植物轉變成我們需要的任何能量形式。我們會以尊重植物王國的方式做到這點，而且以合乎生態的方式滿足我們的需求，不影響到我們的糧食生產。

電池

在二〇三二年之後不久，我們將能夠在小型、質輕、袖珍的電池中儲存大量的生態電力。這將會消除對電纜或線路系統傳輸的需求，而且將會成為澈底改革我們世界的眾多新發明之一。

其他形式的生態動力

上述清單只是樣本，列出我們想像得到的可能性。由於就我們目前的意識而言，黃金未來是無法想像的，因此未來將會有許許多多的事物超出我們現在可以揣摩的。還有許許多多值得期待喔。

觀想20

擁有免費生態動力的黃金未來

- 閉上眼睛，舒舒服服地呼吸。
- 想像你需要的所有動力都免費提供，而且完全合乎生態。
- 你的住家可以如你所願地溫暖或涼爽。
- 有充足的電力用於照明、烹飪、為電器提供動力。
- 生態動力為你的汽車充電。
- 擁有你需要的所有動力感覺如何呢？你如何運用這類動力呢？

第21章

靈性主導政治與宗教

在亞特蘭提斯的黃金時期，有十二區，每一區都由一位大祭司或高階女祭司監管，大祭司們指引該區的人們，教導人們靈性律法，以身作則地啟發人們。他們輪流接收來自銀河聯邦理事會的指示。

無論公民是神職人員還是社區的一份子，無論他們做什麼，大家都認為人人平等。男人和女人平等，但是扮演不同的角色，人們接受那是自己靈魂的選擇，而且樂於儘量去體驗。

決定是經由共識做出的，因為每一個人的行為都是基於全體的至善。因此，很容易做出決定，而且人人開心。

在這個時期，沒有宗教，只有靈性。

由男性能量統治

然而，由於過去一萬年來男性統治的影響，許多男性設法操控他人。他們一直為權力和地位而戰，卻沒有平衡的智慧。結果，脫穎而出的多數領導人都是試圖登上權力金字塔的人們。這點未來會改變。

隨著我們接近二〇三二年，有榮譽感又誠信正直的人們將會浮上檯面，為人類賦能培力並啟發人類邁入新時代。

女性統治

男性能量如果沒有女性的智慧平衡，容易導致不斷改變。但是女性能量如果沒有男性能量平衡，容易造成缺乏活力。結果，成為領導者的女性一直以男性的權威和品質統治。

真正女性統治的少數範例之一是原住民，他們將列穆尼亞的能量扎根於地球上，成為與亞特蘭提斯並存的獨立實驗。他們是以右腦為主的文化，擁抱所有最高階的神聖女性品質，範圍從分享、和平、慈悲，到智慧和連續性。他們透過故事以及藉由對土地負起集體的責任來鼓勵連續性。傳統上，集體在和平的情況下做出決策。

真正的平衡

到了二〇三二年，
地球上的男性和女性能量將會達致平衡。

銀色光束

邁向平衡的進程始於二〇〇八年，當時神聖女性的「銀色光束」（Silver Ray）一萬年來首次返回到地球。這道光開始照亮分享、合作、相互支持、為整體而非個人的利益努力、發自內心說話、為了理解而聆聽、內在智慧等品質。

我們正迅速地邁向性別平等的時代。男人和女人將會被視為平等但有所不同。每一個人將會做著令他們充實且使自己靈魂滿意的事。

神聖男性和神聖女性的最佳品質將在內在與關係中達致平衡。人們將會運用智慧培養力量、運用直覺、保護、信任開發邏輯，也開發為信念挺身而出以及為整體利益合作的能力。

頭腦和內心都將會受到尊重。

黃金未來的決策

在黃金未來，合一將會普遍存在。
在五維意識中，
社區會自動地共創幸福與和諧。
決策將會輕而易舉地基於至善而浮現。

人群（無論在社區裡或代表國家）將會和平地聚集在一起。他們會自由地討論課題，相互聆聽。他們全都看得見彼此的能量場，所以一切人事物必會開放而誠實，而且他們全都會調頻對準自己的高我（Higher Self），而且在大家心連心之前，就抱持著為全體的至善找到解決方案或做出決策的意圖。因此，決策將會快速、輕易地達成，而且人人滿意。這是合一的喜樂。

宗教與靈性

我們全都在攀登一座靈性之山。某些人與其他人一起遵循由制定了靈性路線的特定領導者所指引的道路。這些是宗教。每一個宗教都側重於揚升的不同面向。純粹的宗教是真正的指南，但是所有宗教都被扭曲了。

在過去幾千年間，宗教在人類的旅程中扮演了非常重要的角色，因此它們的本質將會在黃金未來繼續存在，但是圍繞著它們的人類結構將會消失。比如說，試圖影響或強迫他人加入的傳教式宗教。隨著我們重拾自己的個人權威，這種情況不會再發生。

越來越多的個人已經不知不覺地看見山頂的信標燈，正朝著信標燈邁進。

有幾位偉大的啟明大師現在正在幫助宗教變得更加靈性，為新的黃金時代預作準備。其中兩位是：

- **抹大拉的馬利亞（Mary Magdalene）**：與耶穌一起投生期間，她是耶穌的靈性伴侶，而且本身就是大師。在內在層面，她已經成為第六道慈愛、奉獻服務之光的「守護者」（Chohan），為的是將神聖女性的影響力帶進宗教。她正在鼓勵人們放下舊有根深柢固的宗教觀點，與「本源」建立自己的連結。她也正在為新的黃金時代引進新的非侵入性療癒方法。

- **拉柯齊大師**（Master Rakoczy）：聖哲曼的化身，祂是清明、神祕主義、療癒的第十一道光大師。祂的任務是將和平與開悟帶進宗教和世界領袖的思想中。祂也協助我們管理污染以及敞開來接納現有的更高能量。

還有一支由三位偉大的靈性大師組成的團隊正致力於提升人類的靈性頻率：

- **亞維拉的德蘭**（St Teresa of Avila）：她曾經投胎成為西班牙加爾默羅會（Carmelite）的修女，也是擅長神祕主義的靈性作家，過著默觀而簡樸的生活。她現在是較高階層的揚升大師，將合一帶給宗教。
- **錫耶納的聖加大利納**（St Catherine of Siena）：她曾經投胎成為道明會（Dominican Order）的平信徒，也是玄祕學家兼作家。她因自身聖潔和苦行禁慾而受到尊敬，也有靈性的願景。她現在是第十二道光的「業力之主」（Lord of Karma），正在幫忙開發人類內在的靈性之光。
- **阿西西的聖嘉勒**（St Clare of Assisi）：她曾是阿西西的聖方濟（Francis of Assisi）的追隨者，而且創立了「貧窮修女會」（Order of Poor Clares）。她是世界導師庫圖彌大師的雙生火焰。作為較高階層的揚升大師，她正為人類帶來靈性覺知。

觀想21

合一的黃金未來

- 閉上眼睛，放輕鬆。
- 想像一座高聳入雲的靈山。
- 有許多條小路通向山上，人們一起邁步上山，或自己踽踽獨行。
- 你看見所有人們，無論走哪一條路，都具有愛、無害、合一的品質。
- 他們共同分享、彼此關懷、慷慨地互相幫忙。
- 和平與接納隨處可見。
- 於是在山頂，大家全都步入光輝燦爛的金色光芒中。

第22章
天賦與才能的開發

在亞特蘭提斯的黃金時期，人人都懂得心靈感應且具有靈視力。事實上，影像可以從某人的第三眼發送至另一個人的第三眼。舉例來說，如果你想要知道兒子在哪裡，你可以發送一個心靈感應的問題給他，然後接收到一幅他與朋友們快樂航行的畫面。亞特蘭提斯人也能夠療癒和自我療癒，而且某些人有能力與來自其他恆星系統的存有溝通交流。他們對水晶技術的運用令人讚歎，超出我們的想像。

他們運用了九〇%已擴展的腦容量。我們現在只使用一〇%的腦容量。

在下一個黃金時代，我們將會取回所有在亞特蘭提斯黃金時期曾經擁有過的天賦、才能、力量，而且超越他們，進入更高的頻率。

二〇三二年及之後不久

到了二〇三二年，幾乎每一個人都是五維，而且已經錨定了他們的十二個脈輪。某些人會在四維的上層，但是他們的心輪敞開，因此周圍的普遍高頻將會幫助他們很快地揚升進入五維。最重要的是，我們的態度會截然不同，因為我們的心全都會是開放的，而且我們將會連結到靈性界域。

我們的天賦和力量包含在十二股DNA之中，當我們的十二個脈輪完全運作時，它們必會開始連結同時被啟動。這將使我們能夠在精神上和靈性上敞開，接納某些基因編碼的天賦，同時迅速地開發其他天賦。

心靈感應

在二〇三二年之後不久，多數人將會懂得心靈感應，懂得連結彼此的頭腦，接收彼此的訊息。這已經在發生，儘管時常不知不覺。人們說：「你打電話的時候，我正想到你。」或是：「你剛好說出了我當時的想法。」其實，他們是經由心靈感應調頻聆聽對方。

目前人們已經對物種間的溝通交流產生極大的興趣，不久，我們全都會開始與動物在心智上溝通交流。當人們與他們的寵物交談並說：「我的狗狗完全知道我想要什麼」的時候，他們已經與自己的狗狗建立了心靈感應的連繫。與動物王國以心靈感應方式交流將會豐富我們的人生。

與外星人和天使界的心靈感應交流也會越來越強烈。許多人聯繫我並告訴我，他們如何接收到某個強烈的印象，要他們務必完成某事。他們可能會說：「我突然間想到，我必須寫一本書。」於是許許多多那本書的想法湧入。或是：「我突然間想到，我必須去拜訪某人。」當他們接收到這類想法時，通常某件重要的事會發生，因為他們的天使已經傳訊了，要他們務必去到那個地方。

所有心靈感應的交流都很純淨，
因為沒有心智的喋喋不休或思想念相可以扭曲它們。

靈聽力

這與心靈感應不同，因為你可以實際聽見人類的聲音。

這種事只發生在我身上兩次。第一次是我在當地的樹林裡遛狗時，看見了我隱約認識的某人，但記不得她的名字。突然間，一道清晰的聲音大聲喊出了她的名字！那太令人震驚了！我向她打招呼，她告訴我，她突然間興起要到那裡走走的衝動。她的朋友提議去別的地方，但是她強烈地感覺到，必須是這片樹林。我們成了好朋友，我感覺到靈性界域決意要我關注這個可能性。

另一個場合實在很有意思而且截然不同。一天，我拿起手機要打電話，突然間「睡著了」。我其實進入了另外一個維度，儘管我還在我家的起居室。

在那個維度中，早在二十多年前去世的父親就像在房間裡一樣很清晰地對我說：「黛安娜，你好嗎？」有趣的是，鑑於我們過往的歷史，他的聲音居然充滿了愛。

我回答說：「很好，謝謝。」然後意識到我父親在另一邊。我趕緊問他好嗎，而且感應到的答覆是他很好。但是那道界線正劈啪作響，他逐漸遠離。

然後我返回到這個維度，而且房間裡沒有人。我心想：爸，我想念你。這令我頗為驚訝，因為我以為我已經原諒了過去，但現在我意識到，多年來，我一直在生他的氣！突然間，我開始憶起他的優點，於是我對他的態度轉變了。「爸，我愛你」這句話出現在我的腦海裡。那感覺像是一次改變人生的體驗。

靈聽力確實很重要。我曾經與某些人交談過，他們通常沒有靈聽力，但是卻聽見了警告他們避開危險的聲音。

靈感力

這是使你調頻進入另一個人的感受、痛苦或情緒。許多人無意識地這麼做，不知不覺地沾染到那股能量。在五維層級，你單純地調頻，有同感，卻不將對方的能量帶進你自己的情緒體或肉身體。

靈視力

最純粹的靈視力是看見關於某事的畫面，那事是出於有意識的覺知或發生在未來。隨著我們開始接納自己與生俱來的天賦，這種能力將會變得越來越普遍，而且在二〇三二年之後不久，幾乎每一個人都能夠看見氣場。這意謂著，一切將會透明而誠實，因為當你的能量場看得見時，就什麼也隱藏不了。

隨著我們開始透視維度，我們也會覺知到天使界。許多人從小就被告知，世界上沒有天使或小仙子這樣的東西，那些只是想像力虛構的事物。在某些國家，這點已被告知全體民眾。如今，在世界各地，人們將會快速地覺醒，因為他們開始親眼看見這些存有。當你看見天使時，你就無法否認祂們確實存在啊！這將會造成某些困惑，乃至震驚，因為這些社會在覺知上突然間體驗到深度的轉換。

隨著我們開始看見自己的指導靈和靈性幫手，以及來自其他恆星系統的揚升大師和存有，那將是巨大的啟示，大幅提升地球上的理解與頻率。

隨著我們全都開始看見自己的守護天使並體認到我們可以得到多少幫助，信心與信任便會增長。於是許多人們將會覺知到大天使正在指引和協助我們。我們將會看見風龍、土龍、火龍、水龍，加上來自其他界域的龍，全都照料著我們。許多人將會看見獨角獸，祂們是純淨的明光存有，時常以擁有一根光之犄角的白馬形相出現，而且領悟到為了使我們保有高頻率，祂們付出了多少。當我們在大自然中種植花木或散步的時候，我們也會覺察到自然界的精靈以及所有元素精靈王國。

直覺

直覺是第三眼的功能，無須實際看見畫面就知道。它可以是一閃而過或內在的知曉，而且隨著我們體認到信任自己多麼重要，直覺將會變得更加靈光。

靈認知力

這是突然間接收到靈性資訊、概念或啟示的下載。隨著頻率提升，這些靈感將會被承認且受到尊重。

療癒與自我療癒

隨著五維脈輪在每一個人體內被建立起來，我們全都能夠擷取來自靈性界域的療癒能量。凡是選擇這麼做的人也將能夠療癒他人。然而，就跟現在發生的事情一樣，許多人將會選擇關注並開發其他天賦。

更多個人將會基於個人的自我療癒而帶來更高的頻率。

藝術和創意天賦

就跟所有其他天賦一樣，隨著我們的頻率提升，我們的藝術和創意通道將會擴展，靈感也會源源不斷地流過來。對許多人來說，這將是一種解脫。

通靈傳導

人們將會越來越常接觸更高界域的指導靈、天使、星際存有。靈感、發明、資訊時常會被帶過來。

到了二〇五〇年

人人都懂得心靈感應。手機和電話將會完全多餘，因為人類與其他物種之間的溝通交流必會清晰而明確。每一個人都有靈視力，因此將會有完全的透明度、誠實、正直，以及隨之而來的信任感和安全感。

藝術和創意的努力將會相當非凡。

雖然會有療癒神殿，但是多數人將能夠自我療癒，因此大眾將會健康而有活力。

接收你的天賦

- 花點時間放輕鬆，閉上眼睛，舒舒服服地呼吸。
- 想像自己與家人或朋友在一起，藉由心靈感應、清明而誠實地溝通交流。
- 你發送和接收到什麼呢？這感覺如何呢？
- 你了解周遭人的感受，因此你對他們有同理心。
- 要覺知到，你能以一種對你來說美麗而舒服的方式看透靈性界域。
- 敞開心扉，接納來自天使界的指引。
- 你的身體健康而有活力。
- 你知道，如果曾經失衡或傷害到自己，你可以自我療癒。
- 睜開眼睛，把這帶進你的物質生活。

第23章

特殊力量與完美的人類

在亞特蘭提斯黃金時期最鼎盛的時候，人們可以飄浮、瞬間移動、顯化物品。這些力量將在黃金未來再一次變得司空見慣。

展現力量

飄浮

飄浮目前被認為是肉身飄浮在空中的能力。到了二〇四〇年，越來越多的人們將能夠操控自己的能量場，所以他們能夠上升，然後運送自己。人們會將這股力量用於短途旅行，舉例來說，如果你想要越過一條沒有橋梁的河川或滑行到鄰居家。雖然飄浮變得越來越觸手可及，但是卻越來越多的人們將會偏愛藉由步行鍛鍊身體。

瞬間移動

在黃金未來，人們將會有辦法瞬間移動，換言之，透過時間和空間使他們的肉身非物質化，並在別地方重新物質化。在此過程中，身體的細胞結構分解成原子能量流。你變成純粹的光且可以沿著地脈旅行。然後你可以在預定的目的地重新物質化。這個過程克服了重力。

目前，某些人無意識地這麼做。通常某人告訴你，你曾經出現而且與他們交談過，可是你對此沒有任何記憶。在黃金未來，可以瞬間移動的人們將會有意識地覺知到自己在做什麼。

隔空取物

隔空取物是指你可以將物品從某一地方移動到另外一個地方，無須親自拿取和攜帶該物品。這將會成為平凡無奇的力量而且非常有用。舉例來說，如果你正在花園中照顧花草，可以不必起身便拿到遠處的小鏟子。如果你餓了，可以吸引樹枝上的水果，讓它落入雙手中。

顯化

許多人將會有辦法顯化物品，換言之，是將事物從尚未顯化的世界引入物質世界。在每一個社區，專精於這股力量的人們將會聚集在一起，顯化集體需要的東西。這些可以是從椅子到交通工具等任何東西。人們將會心連心，帶著為了每一個人的最高利益創造的意念，然後利用他們的臍輪的力量，將抱持的願景吸引到自己的「靈魂之星」脈輪中，在那裡，願景將會以極高的頻率被輻射出去，為的是帶來某個物質實相。這項技術將會成為我們享有的一部分天然豐盛。

心智操控

每一個人，甚至是年幼的孩子，都會被教導心智操控，而且一定會好好練習這項技能，為的是開發他們的力量。先進的操控（包括操控自己的能量場），將會允許人們以我們至今無法想像的方式管理自己的身體。

與此同時，運用和操縱宇宙能量的能力賦予人們非凡的力量。每一個人將會擁有允許這種能力存在的誠信正直和高階意識。

艾莫亞，完美的人類

馬努（Manu）是指「完美的人類」，或已經步入了完美角色的人類。大師艾莫亞（El Morya）是人類第六根源種族的馬努。這意謂著，祂的細胞、脈輪、能量場保有下一階人類飛速進化的鑰匙和密碼。祂有十二股相連且活躍的DNA，攜帶難以置信的天賦和力量，而且與和諧宇宙的智慧相連。祂示現我們可以達到的一切。

艾莫亞是強大的啟明大師之一，源自於水星，也就是代表更高階溝通和真理的行星。祂理解人類投生轉世的試煉，而且已經通過許多啟蒙揚升了。也因此，祂已經被選為我們下一步進階的「馬努」。

艾莫亞始終對和諧宇宙的流動感興趣，再加上身為亞特蘭提斯的大祭司，祂研究了恆星和行星。祂是先進的天文學家兼占星師，對我們和我們的星球如何受到宇宙運動的影響有著深刻的理解。祂與「宇宙天使」布提亞里爾（Butyalil）合作，後者全面負責和諧宇宙的流動，確保一切依照神性秩序。

當亞特蘭提斯隕落時，艾莫亞帶著祂的部族來到現在名為伊拉克的地區。祂在這裡建立了美索不達米亞文明，定居在幼發拉底河沿岸。祂使美索不達米亞人有機會發展自己的文字，學會將文字記錄在泥板上。祂還研究並發現了水的宇宙品質，領悟到水可以蛻變和消解業力，以及承載基督之光。有了這類知識，祂提出了洗禮的概念。

另一段非常重要的一生是作為「三智者」（Three Wise Men）之一的梅爾基奧爾（Melchior）。另外兩位智者是庫圖彌大師與迪瓦爾．庫爾（Djwhal Khul）。祂們是高度進化且訓練有素的「東方三博士」（Magi），擁有強大的力量。身為占星師，梅爾基奧爾能夠預知耶穌的誕生。於是三智者旅行到耶穌的出生地，在馬利亞與約瑟（譯注：耶穌的父母）之前抵達，這麼一來，在耶穌為了祂的使命投生、將基督之光帶到地球上之際，祂們才能夠支持耶穌。

在值得注意的另一生中，艾莫亞是猶太教的創始人亞伯拉罕。祂的靈魂的這個面向是偉大的御龍大師，訓練他人成為御龍大師。祂現在以亞伯拉罕的身分作為第十道光的「業力之主」。

祂也是阿克巴大帝（Akbar the Great），以宗教寬容而聞名的英明統治者，獎勵才華與忠誠，不分種族。在那一世，祂幫忙統一印度。

祂是亞瑟王和所羅門王，兩位都因智慧而受人敬重。

因為與庫圖彌大師合作，祂促使布拉瓦茨基夫人（Madame Blavatsky）意識到要創立「神智學會」（Theosophical Society）。

目前，祂是掌管神性意志與創造的第一道光大師，那是代表力量與目的的鮮紅光束。

祂透過這道光為我們帶來的重要功課之一是，聽從自己的神性意志而不是自己的欲望。

祂也是銀河聯邦理事會的成員，在此，祂的角色是強化人們的意志，讓人類能夠主動地共創新時代。祂忙於協助我們打破老舊的三維結構，同時讓我們瞥見黃金未來的更高可能性，藉此為我們提供揚升的機會。

祂正與大天使麥可和大天使費絲（Archangel Faith）合作，平衡個人的男性和女性能量，為我們預作準備，迎接新的黃金未來。祂還使地球上的神聖男性與神聖女性能量達致均衡。

此外，祂也是「白色兄弟會」（White Brotherhood）的成員（白色代表聖潔與真理）。白色兄弟會有幾個分支，包括卡特里派（Cathars）、艾賽尼派（Essenes）、玫瑰十字會（Rosicrucians）等等。艾莫亞了解「淨光兄弟會」（Great White Brotherhood）的神祕教義，後者保有完美和平與永生的祕密。

祂有兩處乙太靜修區在地球上方的內在層面，一處位於加爾各答上方，另一處位於喀什米爾上方。你可以在這些地方展開一趟內在旅程，可以比較輕易地與祂連結。

想像艾莫亞造訪你的社區。你會想要跟祂討論什麼呢？

到了二〇五〇年我們將會擁有的天賦和力量

到了二〇五〇年，每一個人都已經達到了五維的高層，而且完全建立起自己的十二個脈輪。每一個人都有辦法飄浮，可以浮在地面上方作短途旅行，也可以隔空取物。所有人都會使用集中意念，將物品從尚未顯化的世界帶進物質世界。而且這麼做只會是基於全體的至善。

在社區內，團體將會帶著純粹的意圖聚在一起，將共有的需求化為物質。舉例來說，我們將會運用聲音和心智操控來顯化建築材料。我們將會懂得齊心協力，為全體創造有裨益的美妙事物。

我們還會使用聲音和水晶技術來操控天氣，造福每一個人。我們將會澈底地了解水晶的力量，而且將會再次為了幫助人類而對水晶進行編程。

到了二〇五〇年，每一樣東西都是可生物分解的，我們將有能力使垃圾和廢物非物質化。因為我們會使用目前尚未發明的生態可重複使用材料包裝所有物品，所以無論如何都幾乎不會有廢料。我們將會擁有全年生產新鮮食品的新方法以及目前無法想像的冷卻方法，因此不再需要大而笨重的冰箱或冰櫃。

我們將會運用我們的力量提純淨化地球和海洋。飲用水以及河川和海洋中的水，將會運用透過水晶發送的先進頻波加以提純淨化，我們也會有能力從元素中創造出純淨的水。

我們現在的網際網路會是笑話喔！免費的先進量子網際網路將會造福每一個人。它允許大量資訊在我們目前尚未取得的高頻波長上立即而可靠地被傳輸，而且這些會為人類帶來額外的好處。只有靈性、歡樂、真實、鼓舞人心的資料才會被傳輸，因為這將會反映人們的意識。

到了二〇五〇年，多數人們將會擁有更輕盈的新肉身，而且所有孩童將會擁有完美人類的更大腦容量，搭配十二股相連的DNA。屆時，超出我們目前想像的重大改變已經發生在地球上。每一件事物的頻率都會高出許多。

到了二〇五〇年，
世界將會完全改頭換面。

觀想 23

體驗你在黃金未來的天賦

- 安靜地坐著，閉上眼睛。
- 想像你已經生活在黃金未來。

- 你的十二個脈輪正優美地發著光，而且你的十二股DNA相連。
- 感應到自己能夠飄浮。這感覺起來很熟悉嗎？
- 現在感應到你自己從某個地點瞬間移動到另外一個地點。這感覺如何呢？你如何使用瞬間移動的能力呢？
- 想像你周圍有一群人。你們正一起為你們的黃金社區顯化某樣東西。看見這事正在發生。
- 要知道，如果某項天賦或力量感覺很熟悉，那麼它已經被編碼在你的內在了。
- 睜開眼睛，莞爾一笑。
- 在你生活的世界中，你可以運用心智的力量改變物質或吸引物質來到你面前。你運用這份能力做些什麼事情呢？

第三部

為第五次元預作準備

第24章 實現更高揚升的靈性基礎

我們人類有力量讓自己緩慢而痛苦地過渡到這個奇妙的未來，或是快速而輕鬆地實現這個目標。這完全取決於我們每一個人。

在第三部，我將要分享，你在每一個脈輪的每一間密室中需要理解、體驗或精通嫻熟的功課，才能不僅為黃金未來預作準備，也為進入五維上層的更高揚升預作準備。我建議你仔細閱讀這些內容，因為當你探索這些脈輪時，你可能會選擇在生活中從事不同的活動。

只要專注且帶著更高的意圖談論或思考這些靈性中心的功課，往往就允許這些密室開啟並覺醒。你的思想或言語的振動可能足以轉換需要被消融掉的任何能量。此外，隨著你關注每一間密室，負責那個脈輪的大天使可能會打開那間特定密室裡的光。

閱讀這些功課時，要請求讓你看見你需要體驗或理解的任何東西。那門功課或那份覺知將會完美地來到你面前。假使你帶著真誠的意圖請求，你的靈魂和你的「單子」

（Monad）必會確保它進入你的人生。你可能會感應到，你在另一個轉世已經打開過那扇門。

當你終於準備好要完全喚醒你閃耀的五維脈輪時，大天使麥達昶將會幫助你完成這個過程。祂令人難以置信的揚升工具之一是麥達昶立方體，而且祂可以用這個立方體作為鑰匙，忽然打開鎖著的門，然後解開並清除掉卡在門後面的能量。於是麥達昶立方體可以被啟動，使某一脈輪填滿比以前體驗過更高頻的光。（第40章有一張麥達昶立方體的圖片。）

當你的光的水平足量時，即使只是一瞬間，六維脈輪柱也可能會向下滑進你的身體內，有時候甚至是七維脈輪柱。

這是因為我們現在正邁向比以前任何時候更高的頻率，於是走在更高揚升之路上的存有們也忙著做好準備，要為這個世界照亮道路。

地球之星脈輪

強大的靈性基礎
就像摩天大樓的堅實地基一樣重要啊！
你需要它才能揚升。

你的五維靈性基礎是你的地球之星脈輪。它位於你雙腳底下大約三十公分的地方，由大天使聖德芬（Archangel Sandalphon）監管。當地球之星脈輪第一次錨定時，它是黑白色，然後隨著它逐步確立，它變成灰色，然後是液態銀色，亦即終極神聖女性的顏色。銀色也反映出大天使聖德芬的九維光芒。

你的地球之星脈輪使你扎根接地，完全融入蓋亞，而且內含你的五維藍圖。
當你出生時，你的人生使命就被編程到這個脈輪之中，因此它保有你的人生目的以及你的神性潛力。

掌管地球的偉大天使蓋亞女士以及我們的星球本身都保有神聖女性能量，因此使你今生深深扎入地球的靈性基礎屬於女性。這裡蘊藏著你的昆達里尼，也就是你的生命力。

一萬年來，地球的昆達里尼被聖納．庫瑪拉（Sanat Kumara）以男性能量的狀態保存在戈壁沙漠中。二〇〇八年，為新的黃金時代預作準備時，馬雅長老們將它搬遷至南美洲阿蒂特蘭湖（Lake Atitlan）大天使聖德芬的靜修區。他們藉由神性煉金術將其蛻變成女性能量。選擇這個地方安置昆達里尼是因為南美洲連結到金星，而金星保有這個宇宙的神聖女性和純愛的本質。這允許地球的昆達里尼注滿來自「宇宙之心」的愛。神聖女性是通向地球上和平的途徑，而且也存在你個人的生命中。

地球的昆達里尼是神聖女性藍圖的一部分
保存在你的靈性基礎中。

在大天使聖德芬的仔細監督下，這個脈輪幫助你的振動隨著地球頻率的上升而提升。

在盡可能多的人們內在確立這份靈性基礎至關重要，
如此，和平才能夠散布，
大眾才能夠揚升進入五維，
迎接新的黃金時代。

你的靈性基礎也是你通向中空地球的出入口，中空地球是蓋亞女士居住的七維樂園。蓋亞女士邀你在今生投胎的請帖就保存在這裡。它是你的靈性自我與你的塵世自我之間的鏈結，因為唯有當你的靈性自我扎根接地時，你的「星系門戶」脈輪才能夠開啟。

當你的地球之星脈輪確立了，它將指引你去到你原本該去的地方。

地球和宇宙的地球之星脈輪

我們星球的地球之星脈輪在倫敦。它幾乎完全敞開了，但是需要神聖女性之光迸發，才能完全提升這個脈輪的頻率。它連結到中空地球，中空地球內有一座「金色水晶金字塔」（Golden Crystal Pyramid），屬於七維的光源。在此，強大的瑟若佩斯．貝（Serapis Bey）大師保有每一個地球之星脈輪的連結。就好像祂手裡握著數以百萬計銀色氣球的細繩，而且細繩被插入充電器，也就是「金色水晶金字塔」。當每一個地球之星脈輪確立了且數十億個地球之星脈輪發出銀色光芒時，我們的星球將會真正地發光。

宇宙的地球之星脈輪是海王星，而海王星的已揚升部分叫做「陶提雷」（Toutillay）。這裡保存著這個宇宙的和諧宇宙藍圖，以及使這個宇宙完全揚升進入五維的許多鑰匙。當你的靈性基礎被完全啟動時，你就可以連結到陶提雷，擷取來自列穆尼亞和亞特蘭提斯的知識和智慧。

建立你的靈性基礎

你的地球之星脈輪內含三十三門功課或密室。其中某些你可能已經在其他轉世精通嫻熟了。你可能會很驚訝其中許多非常簡單而自然。現在就開始這趟旅程，隨著你仔細閱讀每一間密室的功課，大天使聖德芬將會與你同在，幫助你療癒、照亮、啟動或整合那門功課。

- 第一室：若要喚醒第一室，請主動地注意並尊重我們生活在一個非常美麗且非凡的行星上。
- 第二室：主動地尋找無所不在的美。好好欣賞並享受那份美。
- 第三室：走路的時候，要有意識地覺知到你正在將你的能量給予地球，同時你也正在接收來自地球的能量。想想電影《阿凡達》（*Avatar*），當納美人深情地與他們的星球潘朵拉連結時，他們的腳步就會亮起來。我們與地球也有類似的雙向連結。
- 第四室：將光向下帶入你的十二個脈輪，而且有意識地將光注入地球。更好的是，讓你的脈輪變成一根光柱，延伸進入地球並打開這間密室。
- 第五室：地球愛你。她想要對你付出，當你允許自己接受她的愛時，這間密室就會打開。

- **第六室**：生長在大地中的一切都有某個目的，也是一份禮物。要尊重所有綠色植物，無論你是否理解其用途。假使你拔除雜草，務必有禮貌。要敬重大地的產品以及祝福你的食物，這間密室才會打開。
- **第七室**：當你挖掘土壤並感受其能量和質地時，就學到了這門功課。如果你住在公寓裡，無法接觸土壤，你可以在花盆裡種植草藥或植物，以此與大地接觸。或者你可能在另一世做過這件事。
- **第八室**：樹木是睿智的有情眾生，蘊藏著豐富的知識且以許多實際的方式為我們提供服務。可以的話，多多觸碰樹木。好好注意它們，在內心裡敬重它們。
- **第九室**：種植樹木。如果你無法親自做到這點，請收集橡實或栗子，或山毛櫸或榛果，或任何其他樹木的果實，而且盡可能地將它們散布到其他地方。
- **第十室**：好好享受赤腳在草地上漫步的體驗。這是與地球連結的奇妙方法，它喚醒這間密室裡的光。
- **第十一室**：花朵攜帶著神性之愛的本質，而且無論花朵在哪裡，它們都散發出光與美，提升鄰近地區的頻率。這間密室的功課是要承認並敬重花朵的真實本性。同時在內心裡感謝照顧它們的小仙子們。

• 第十二室：所有水都攜帶基督之光且將基督之光散布到各個地方。海洋是愛與智慧的浩瀚寶庫，有助於將地球的頻率保持在高檔。當你欣賞和敬重水的時候，這間密室就會散發純淨的光。

• 第十三室：空氣中有「普拉納」，也就是「本源」賦予生命的氣息。它是你與神的連結。因為體認到這點，你解開了這間密室的門鎖。

• 第十四室：火是生氣勃勃且強而有力的元素。它可以蛻變低階能量，直接下達細胞層次。當你真正敬重火的蛻變品質時，這間密室就會開啟。

• 第十五室：地球是我們的母親。她為我們提供名副其實的歡樂聚寶盆，目的在滋養我們。若要喚醒這間密室，請調頻聆聽地球並好好感激她提供給你的諸多豐盛。

• 第十六室：動物跟我們一樣來自恆星，帶著靈魂使命和生命目的。牠們投胎成用右腦去體驗、學習、教導。要理解並尊重這些令人讚歎的生命，而且看見牠們的真實本性。

• 第十七室：投生地球的爬蟲動物來自宇宙各地，透過海王星的靈性層面逐步下降，攜帶著牠們最初的神性藍圖。許多爬蟲動物無論走到哪裡，都散布著中空地球的七維能量。當你以較高的感知看待牠們並敬重牠們時，這間密室便突然打開。

• 第十八室：鳥兒是天使們的信使，在地球上只是為了教導，因為牠們沒有什麼要學。當你敬重鳥兒並覺知到牠們的訊息時，這間密室便完全甦醒。

- 第十九室：要驚歎於大自然的綠色植物和不可思議的光合作用過程，使葉子能夠利用陽光獲取營養並釋放氧氣。
- 第二十室：岩石與石頭是古代歷史的睿智守護者，它們保有地球成長的祕密。當你真正對它們感到好奇時，這間密室便會敞開。
- 第二十一室：水晶是光的濃縮形式，可以放大能量，包括放大療癒能量。它們收集資訊、儲存資訊、釋放資訊。當你體認到水晶的真實本質且將療癒傳送到水晶被挖掘出來的地方時，這間密室的門便會敞開。
- 第二十二室：我們生活在一個令人驚喜且多樣多變的宇宙中。數以百萬計的恆星和行星全都相互連結，全都輻射和共享光。當你接受每一個恆星和行星都大大影響著地球且與你的人生相關時，地球之星脈輪的這一部分便神奇地打開。
- 第二十三室：海豚是海洋中的智者。牠們是水世界的大祭司和高階女祭司，保有亞特蘭提斯黃金時期的知識與智慧。牠們保有的資訊超出我們目前所能理解的範圍。要知道這點且接受海豚散發出的喜悅、和平、高階療癒、合一的功課，才能調頻聆聽這間密室的功課。
- 第二十四室：所有海洋生物都以某種方式為海洋服務。某些散布基督之光，某些潔淨水域，某些帶來恆星的知識與智慧。當你知道每一種海洋生物都在實現某個令人驚喜的目的時，就可以調頻聆聽這間密室的祕密。

- 第二十五室：每一個人類都是應蓋亞女士的邀請來到地球上。某些是高度進化的存有偽裝成肉身，某些則是正在適應異世界的新來者。每一個人類都往往在充滿挑戰的環境中盡力而為，因此無論他們正在做什麼或以何種方式出現，要接納並尊重每一個人。
- 第二十六室：當你接納「合一」（一切人事物都是神的一部分）的時候，地球之星脈輪的這個部分便明亮起來。這包括你不喜歡的人們和情境，因為一切都是在學習愛。
- 第二十七室：太陽代表這個宇宙中的神聖男性力量。下次看見它的時候，要有意識地感謝它並向它致敬。
- 第二十八室：月亮代表這個宇宙的神聖女性品質。下次看見它的時候，要有意識地感謝它並向它致敬。
- 第二十九室：金字塔是由偉大的大師們在大天使的監督下建造而成。它們蘊藏偉大的智慧與知識，尤其是六座宇宙級金字塔，分別位於埃及、墨西哥、西藏、美索不達米亞、秘魯、希臘。這六座金字塔是宇宙級計算機、宇宙能量的發電機兼變電所。某些金字塔的實體已被摧毀，但在乙太層中依舊活躍。所有金字塔都連結到不同的恆星系統，也是這些星系的光的能量之門。當你理解這點時，就照亮了你的地球之星脈輪中的這間密室。

• 第三十室：山脈是古老的有情眾生。就跟所有生物一樣，它們發出聲音。某些山峰唱著高亢、清晰的天使之音，十分純淨，純淨到將和聲散布到一大片地區。同時，它們淨化並提升頻率。山脈中的水晶和寶石唱著自己的歌，而且這些歌聲使和聲更加豐富。要敬重這些崎嶇的懸崖峭壁，因為這是這間密室的功課。

• 第三十一室：森林被稱作地球的肺。它們也是紀錄保存者，保存並錨定古老的智慧。它們在能量上穩定所在地區。此外，它們是能量之門，引進來自其他恆星和行星的光並將這類光儲存起來直到我們準備好接受。體認到這點，你就學到了這間密室的功課。

• 第三十二室：我們在特定的頻率上振動，周邊和其間散布著數十種其他頻率上的靈性存有。天使界和啟明大師的振動速度比我們更快，所以我們可能看不見、聽不見祂們。儘管如此，祂們卻在我們之間且設法協助我們。當你體認到這點並尊重你內在的靈性世界和天使能量時，你的地球之星脈輪的這個部分便覺醒了。

• 第三十三室：有許多維度超出物質界，當你接納這點時，這個脈輪便完全打開。

打造深厚的靈性基礎

- 閉上眼睛，深呼吸，放輕鬆。
- 聚焦在你雙腳下方的銀色地球之星脈輪。
- 看見根從這個脈輪向下延伸，深深地連結到蓋亞女士的心。
- 感應到你深深地連結到地球。
- 將美麗溫和的神聖女性能量牽引向上，進入你的地球之星脈輪。
- 感覺到這份慈悲、關懷、慈愛的能量，成為滋養你的靈性旅程的基礎。
- 看見或感應到美麗的靈性之光的源泉從地球之星升起，直接透過你的脈輪系統向上移，來到你的「星系門戶」。
- 仰望在黑暗的天空中閃爍的星星，感覺到它們的智慧等候著你。
- 感應到或聆聽著「天體的樂音」，讓它們的影響滲入你內在。
- 再次聚焦在你的地球之星，好好注意它有何變化。

第25章

建立堅實的支援系統

堅實的支援系統不僅有益於你的健康和福祉，而且感覺安全、有保障、平衡，也對你的靈性生活相當重要。那是為黃金未來預作準備的一部分，屆時，世界各地的人們將會自動地互助合作，彼此幫忙。

實用的支架

幾件事形成你日常的實用支架。面臨挑戰時，你的家人、朋友、鄰居是你最重要的幫手。新的黃金時代著重分享、關懷、豐富的關係。你越有能力參與和鼓勵某個當地關愛社區的創建，你就感到越安全，你的海底輪就越可以放鬆。建立友誼團體、結識鄰居、促進社區團結不僅僅是社會資產，也促進你的靈性成長。

你的居家生活以及你所居住的地方也對你產生巨大的影響。你所從事的工作以及你的工作環境同樣影響你的滿意感。你的嗜好也具有類似的效果。對人生的這些領域感覺輕鬆和美好，使你的海底輪可以自由地旋轉。

你的海底輪是
你的揚升摩天大樓的底層，
而你的地球之星則形成你的深層基礎。

海底輪

安全且根深柢固

你的海底輪位於脊柱的底部。一萬年來，人類的海底輪一直著重於伸出觸角，檢查是否可以存活下來，藉此確保人們安全。人們尋求消除疑慮，確保家人安全，不然就是尋找工作或庇護所。假使海底輪轉速太快，企圖找出危險，人就變得焦慮不安，或是如果海底輪轉速太慢，人就變得消沉沮喪。假使海底輪整個繃緊，脊柱底部便緊收，於是人們體驗到腰部疼痛。

現在越來越多人正在建立他們的五維海底輪，那是美麗而閃亮的白金色光。處理人間事務有助於鞏固你的海底輪，而靈性修煉則使海底輪能夠順利地連結到你的地球之星脈輪。你的脈輪是相互連結的齒輪或輪子，因此它們越不費力地合作共事，就有越多的光可以流經你的所有系統。

如果你人生中的某樣東西感覺不太對勁，那表示這個脈輪卡住了。仔細想想你可以做出哪些改變，因為你的海底輪反映你今世化身為人的實際根基。海底輪由大天使加百列照管，而大天使加百列的任務之一是幫助你做出明確的決定。假使你決定提升你的生命，祂一定會協助你實踐履行。

你的五維海底輪不僅在你的人生中尋求平衡，也試圖為你維繫高頻。

優質的食物、純淨的飲用水、適當的鍛鍊均有助於鞏固和強化你在每一個層面（身體、心智、情緒、靈性）的能量。它們支撐你在地球上所做的一切，尤其影響你的海底輪。接觸大地，例如走路，尤其是赤腳走路，有助於錨定和提純淨化這個中心。不過，如果走在柏油路或混凝土上，你就無法吸收蓋亞的生命力。

擁抱一棵樹或坐在樹底下，背靠著樹幹，可以立即舒緩並提升這個脈輪的頻率。這麼做使海底輪能夠放鬆並與你的其他脈輪一起有節奏地旋轉。

由於白金色的海底輪就位了，你的背部放輕鬆，能量流入你雙腳的「足輪」（foot chakra，譯注：對應於雙腳腳底的湧泉穴，是人體二十一個次級脈輪之一），這些脈輪敞開來接收來自你的地球之星的支持與智慧。你的海底輪也接受來自你的高階脈輪的光流。

地球和宇宙的海底輪

地球的海底輪位於中國的蒙古。

宇宙的海底輪是土星，而土星的已揚升面向叫做「奎奇」（Quichy）。我們的太陽系的首都在土星上，由先進的群體意識「九人理事會」（Council of Nine）管理。「九人理事會」實際上有十二位土星大師，但是其中三位超出我們的頻率觸及範圍。「九人理事會」幫忙管理我們宇宙的靈性律法。

下述幾位強大的啟明大師正透過我們的海底輪影響著我們：

- **馬可大師（Master Marko）**：在我們的太陽系中，祂代表最高階的銀河聯盟，祂正透過人類的海底輪幫忙引進土星的正向能量。這些品質包括權力、紀律、努力工作、承諾，等等，還有應對改變的能力，以及財富和聲譽的責任。

- **希拉靈大師**（Lord Hilarion）：是土星理事會上的地球談判代表，祂幫助我們保持忠於我們的靈性旅程。
- **梅林大師**（Master Merlin）：也代表土星理事會。祂的任務是幫助人類培養實現魔法和煉金術所需要的紀律。隨著我們接近黃金未來，這點迫切需要，屆時，心智操控不僅用於魔法和煉金術，也用於療癒和顯化。

海底輪的花瓣或密室

這個脈輪只有兩間密室，每間都致力於以腳踏實地且保持平衡的方式生活在地球上。為了讓你為揚升做好準備，它們的目標是促使你的男性和女性能量達致均衡。

如前所述，上個世紀的行星意識導致任何人都不可能擁有完全睿智、平衡、慈愛的父母。不過，你可以創建自己的內在父母，而且這麼做使你能夠將你的海底輪完全帶入五維。

想像一下，你有一位頗有安全感且獨立自主的母親。她很自信，自我感覺良好。她總是慈愛、滋養、關懷、善於支持、善良、慈悲。

而你的父親也頗有安全感且獨立自主。他也很自信，有良好的自我價值感。他總是堅強、善於保護、善於支持、可靠、以你為榮。

你可以增添對你很重要的任何其他品質，例如，始終如一、邏輯性、冷靜沉著或值得信賴。有了這兩位平衡的父母在你的腦海中，你的自我對話便帶你進入和諧與均衡。你感到自信、安全、容易信賴別人。而且你的海底輪發出白金色光。

通向大師層級的旅程

你的海底輪往往被描述成「靈魂的活動中心」（Seat of the Soul）。正如你的「地球之星」脈輪與你的「星系門戶」脈輪同根一氣地運作，你的「海底輪」也連結到你的「靈魂之星」脈輪。當你的海底輪完全五維的時候，它便擴展，直至整個包圍住你的靈魂之星脈輪為止。於是你的靈魂能量照亮你的海底輪並錨定其中。你可以達到開悟，你的揚升旅程加速了。

你的白金色海底輪

當你的海底輪開始散發白金色光時，你完全信任宇宙可以使你安全而有保障，而且提供你一切需求。這份信心和安全感使你能夠與喜悅及和諧一起流動，從而將美好的環境吸引到你面前。你對自己的人生負責且落實自律。這些是大師層級的品質，使你能夠揚升。此外，你也能夠培養優質的靈性修煉。

隨著海底輪變得越來越光芒四射，光流經你所有的脈輪，這點幫忙建立你通向本源的意識橋梁「安塔卡拉納」（Antakarana）。你與土星的大師們連結，接收來自那些啟明大師的指引。你也變得與大天使加百列更親近，祂幫助你與海豚的神聖智慧連結。

海豚是地球上的智者，也是宇宙知識的守護者。牠們是海洋的大祭司和高階女祭司，幫忙使海水的頻率保持在高檔。銀河聯邦理事會將亞特蘭提斯黃金時期的智慧和知識安置在海豚身上，於是牠們像電腦一樣保有這一切。當你準備好要接收時，牠們便將那些智慧和知識下載給你。

大天使加百列的訊息

大天使加百列與祂的雙生火焰「大天使荷柏」（Archangel Hope）不斷地將光照射到你的海底輪裡，為的是增強你、支援你。要允許自己接收這樣的光。

大天使加百列有一則訊息給你：

「在這個星球上，但不屬於這個星球。」

此外，因為你的靈性基礎相當切合實際，所以大天使加百列會要求你覺知到你周遭發生的事，不只是你個人旅程上發生的事，也包括世界上發生的事。然而，不要提供能量給不支持你的五維本質的任何事物。好好享受生命賜予你的體驗。充分利用這個機會。然而始終與你的靈性知曉保持連結。

觀想 25

平衡你的海底輪

- 想像自己置身在中國境內蒙古的聖潔高山中，這裡是地球的海底輪。
- 你睿智的母親就像高階女祭司，站在你面前，告訴你所有你需要聽見的支持話語。
- 然後你睿智的父親就像大祭司，告訴你所有你需要從他那裡聽見的支持話語。
- 看見自己昂首挺立、堅強、喜樂、自信。
- 通向土星和奎奇的能量之門打開，九人理事會對你說話。祂們有什麼訊息給你呢？
- 當你歸來時，花時間好好放鬆，與海豚一起暢游在美麗、清澈的藍色海水中。
- 最後看見或感應到你的海底輪散發著閃亮的白金光。

第26章 吸引你的靈魂家族，擁抱更高階的性慾

我們正迅速地邁向黃金未來，自亞特蘭提斯隕落以來第一次，我們可以全都體驗到真愛。我們現在有機會建立美好的家庭關係，最後還可以遇見我們的靈魂家族且得到他們的滋養。我們正邁向喜悅、尊重的性慾，乃至超然的性愛表達。

當我們提升本我輪的頻率
且平衡男性和女性能量，
這一切都會發生。

本我輪

你的本我輪包含十六門功課。這些全都與關係（尤其是與家人的關係）和性慾有關。

當你在三維層次吸引某段關係時，它通常只是身體的連結。在五維，這個脈輪尋求超然的愛。

在今生轉世以及八成許多其他轉世期間，我們多數人都發送和接收了較低階的想法，而且這些想法製造了堵塞本我輪的羈絆。我們已經準備就緒，要讓這些羈絆最終得到轉變。此外，時候到了，該要清空憤怒以及個人和集體的「性罪疚」。這裡有一段適用於寬恕的肯定語句，可以幫助你：

我寬恕自己今生或其他累世的任何低階想法、言語或行為。
我寬恕他人對待我且害我形成羈絆的低階想法。

目前，隨著各種揭露正在引起我們的關注，本我輪正在進行大規模清理。當光之工作者忍住不評斷，改而將愛和光傳送到關係失衡和性罪疚的集體雲團中，這將會提升本我輪的頻率。由於大家共同努力，我們正在加速將地球的集體意識轉換成男女之間相互促進健康且彼此賦能培力。這將會散布至每一個人，轉化這個世界。

當你表達純淨的愛時，
你的本我輪發出
燦爛的五維精緻金粉色光，
讓你吸引賦能培力、充滿愛意、尊重有禮的關係。

隨著人類的本我輪變成五維，越來越多人將會吸引他們的靈魂家族來到自己身邊。到了二〇三二年，嬰兒會出生在他們的靈魂家族中，而不是觸發其業力功課的家庭中。關係將會建立在無條件的愛、喜悅、相互尊重的基礎上。每一個人會自由而獨立。

本我輪和臍輪

在亞特蘭提斯的黃金時期，本我輪與其上方的臍輪是分開的。在亞特蘭提斯隕落之後，隨著十二個五維脈輪被七個頻率較低的脈輪所取代，臍輪被收回。剩下的三維本我輪保留了某些臍輪的品質。不過現在，臍輪正逐漸恢復其原有的光彩。

雖然這兩個脈輪目前是分開的，每一個脈輪有十六門功課，但它們被密封在一間巨型密室裡，那是第三十三門功課。

地球和宇宙的本我輪

地球的本我輪在檀香山。宇宙的本我輪是天狼星，而天狼星的已揚升部分是「拉庫美」（Lakumay）。最近曾有一次升級，而現在內含九維基督之光的「金球」（Golden Globe）被保存在天狼星裡，同時拉庫美之中則有十一維的基督之光，好讓超然的愛湧入檀香山，散布到世界各地。它正在療癒人類的本我輪，讓我們到了二〇三二年可以透過性慾表達純粹的愛。

大天使加百列

強大、純白色的大天使加百列負責你的本我輪的發展。祂為這個脈輪帶來愛、喜悅、清明、希望、聖潔，幫助提升這個脈輪的頻率。祂也將這個脈輪帶入完美的陰陽、男性女性平衡。

請求祂幫助你使本我輪達致均衡，而且感應到祂在那裡安置一個陰陽符號。

本我輪的功課

為了將關係、性慾、真愛提升至更高的八度，以下是我們必須學習的功課。請記住，你可能已經在其他轉世中學習到一部分這些功課。

隨著越來越多的人們錨定他們的十二個五維脈輪，於是當本我輪失衡的時候，就變得顯而易見。前五間密室的檢驗適用聚焦於自我的人們。在你閱讀這些內容時，可能會發現念頭或圖像浮現。不要評斷，就讓它們浮現，因為這是療癒過程的一部分。

在部分或所有這些密室中，你可能會發現一個受傷的內在小孩。受傷的小孩可能會變得善於操縱、需索無度、貪婪或害怕。它們可能會感到沒有成就感或害怕情緒依戀。而且受傷的內在小孩可能會很殘忍。戀童癖和跟蹤狂就是這裡卡住了。儘管受傷的內在小孩看起來並不可愛，但它們卻需要愛、關注、理解，所以無論為你浮現的是什麼，要花點時間好好聆聽且好好擁抱你的內在小孩。

- 第一室：第一室是關於利用性慾操控。如果你曾經因為生氣或受傷而拒絕做愛，或是以做愛作為掙錢的方法，或認為做愛是伴侶給你的恩惠，那麼你可能會在這裡找到受傷的內在小孩。
- 第二室：性無能字面上的意思是無能為力。如果你在關係的任何方面感到無能為力，這可能會導致性無能，無論你是男性還是女性。這裡有個年輕人被卡住了，需要你為他賦能培力。

- **第三室**：如果你感覺在情感上需索無度，或感覺你無法得到需要的愛和關注，這裡有個嬰兒還在尋找滋養。
- **第四室**：這間密室是關於自愛，在此，你比較感興趣的是讓你的愛的需求得到滿足，而不是對你的伴侶敞開心扉。這裡的功課是戰勝自私和自我中心。
- **第五室**：在這間密室裡，你追求感官覺受的滿足，而不是愛的表達。

當你學會了這五門功課，就可以繼續前進。不過，有可能繼續你的旅程，但在特定的密室裡仍有卡住的能量。

在接下來的三間密室中，功課是關於平衡你的情感需求：

- **第六室**：在此，你提供他人情感的慰藉，因為這正是你自己的需求。你可能會在一段關係中付出一切，希望得到回報。你溫暖而有愛，但表面下卻是你的需索無度。情感的拯救者被卡在這裡。
- **第七室**：這是一間過渡轉換的密室。它使你從為了得到某樣東西而滋養別人，回到能夠用愛真誠地滋養別人。

- 第八室：這也是一間過渡轉換的密室，而你從對自己的性慾沒有安全感（以及有可能封閉自己的性慾或不當地表達性慾）邁進至有安全感、自我接納、自信感。現在這點尤其重要，因為在為黃金時代預作準備時，性別變得更加易變不固定。

　　當你精通嫻熟了前八間密室的功課，你的本我輪的頻率將會提升，因為你變得更加真誠善良而有愛心，滋養你的友誼且關心他人。你現在正邁向更高階的功課：

- 第九室：當你穿越你的本我輪進步到這間密室時，這間密室便開始揚升且逐漸發光。這間密室散發著關懷、溫柔、滋養，因此你吸引懂得如何去愛的人們。你們彼此關懷，這豐富了你們的友誼以及你的夥伴關係。
- 第十室：你在關係中變得更加敏感、溫暖、慈悲、溫柔。
- 第十一室：你帶著愛接觸他人。
- 第十二室：現在你能夠真正地付出愛，無須有所保留或期待任何回報。
- 第十三室：你分享愛。你等量地付出和接收。
- 第十四室：你表達超然的性慾和純粹的愛。
- 第十五室：你有身體上的性行為，目的在引進某個靈魂。如果你沒有孩子或無心懷孕，你可能在另一世學到這門功課了。

- 第十六室：這份體驗是關於帶著愛懷孕或成為用愛支持孕婦的擴展網絡的一部分。同樣地，你可能在另一世做過這件事了。
- 第三十三室：密封著本我輪和臍輪的第三十三室等於靈感力，在此，你調頻聆聽他人的情緒。

在亞特蘭提斯的黃金時期，某些人精通嫻熟了本我輪的所有功課，變成兼具兩性。當時，這個中心只是關於表達純淨的靈性之愛，因此人們只有在想要有孩子的時候才發生性行為。對現在多數人來說，這難以想像，但它卻是黃金未來的一部分五維藍圖。

觀想26

療癒本我輪

- 找到一個你可以安靜下來且不被干擾的地方。
- 閉上眼睛，舒舒服服地呼吸，讓自己放輕鬆。
- 覺知到一道純淨的白光，那是大天使加百列站在你面前，準備好要支援你。
- 感應到你的本我輪中的任何羈絆，來自今生和其他累世。本我輪內可能塞滿這些羈絆，也可能只有一些。不帶評斷，小心翼翼地將它們切除掉。

- 然後輕輕地將它們連根拔起，堆成一堆。
- 大天使加百列正在召來祂的火龍們。覺知到一支純白龍大軍正在接近，牠們宛如閃閃發光的鑽石，噴著火。
- 牠們在你周圍盤旋，燒掉和蛻變所有羈絆以及你周圍的任何低階能量。
- 看見自己與過去和現在的家人和伴侶深情地手牽著手。
- 感應到你的本我輪發出柔和、明亮的粉紅色光。

第27章
擁抱合一

合一將我們與所有生命形式以及與「無限」結合在一起。合一體認到無他無我，只有「一」，它也是更高揚升的關鍵。

這個品質是燦爛、非凡、威力強大的臍輪的功課。

臍輪

從這個脈輪，你散發出溫暖、歡迎、友誼、自我價值、團結。在亞特蘭提斯的黃金時期，正是來自這個脈輪的特殊能量使那個文明的人民能夠擁抱眾生內在的神性。他們融為一體，親密交流，在靈魂層次彼此問候。

隨著臍輪再一次被建立起來，

合一意識將會返回到地球。

我們將會生活在溫暖、熱情的社區中。

地球和宇宙的臍輪

地球的臍輪是斐濟，距離地球的本我輪檀香山大約四千八百公里，兩者均位於南太平洋。

宇宙的臍輪是太陽。當你個人的臍輪發出橙色光時，它直接與太陽相連，而且超越太陽，抵達「中央大日」（Great Central Sun）赫利俄斯（Helios）。赫利俄斯是一扇星際之門，它是通向本源的巨大門戶。當它開啟時，本源能量向下流入赫利俄斯，然後流入太陽，頻率在此逐步降低，然後照射進入斐濟，再散布世界各地。

在赫利俄斯中，大天使麥達昶正在將人類的當前意識，經由煉金術轉變成遠遠超出我們理解的東西，創造出在新的黃金時代將會出現的高頻光物質。假使我想到雞蛋，我就找到將其轉化成小雞的神性煉金術，那令人敬畏，超乎想像。大天使麥達昶正在為我們創造的是同樣偉大的質變。

大天使麥達昶也正在創造光之「合一密碼」（Codes of Oneness），以及將會被建立在人類臍輪中的「力量密碼」(Codes of Power)。

合一密碼

合一密碼
已被編碼在我們之內。

它們散發出溫暖、熱情的能量，使我們能夠擁抱彼此內在的神性，從而在靈魂層次產生共鳴。我們將會與彼此的高我溝通交流，也與啟明大師和天使存有連結，再一次透過已開悟的雙眼看見整個宇宙。

當這事發生時，我們將會自動地引入九維頻率的基督之光。

基督之光將會用超然的愛、智慧、和平、保護填滿你的臍輪。

力量密碼

太陽攜帶著保有純淨神聖男性之光的「力量密碼」。這內含原始的權力和勢力、力量和勇氣，以及男性的品質，包括自信、獨立、邏輯、專注、紀律、魄力、鼓舞人心的領導力。這道光進入臍輪，點燃其中內含的力量密碼，並在負責任地使用時，使其變得非常威力強大且產生預期效果。

然而，在亞特蘭提斯末期，這股力量被濫用了。事實上，正是利用這個脈輪謀取私利，才導致亞特蘭提斯的隕落。這是為什麼臍輪是當時被收回的五個脈輪之一。花了一萬年時間，人類的頻率才提升得夠高，使我們能夠再次得到信任，可以將臍輪用於至善。

- 臍輪的力量能夠用來增強你有智慧地說出你的真理的勇氣，使你可以成為明亮的靈性之光。
- 它可以為你賦能培力，進而負起責任，帶領許多人進入新的黃金時代。
- 它可以幫助你重新編排DNA。
- 它可以幫助你顯化你的願景或你個人的欲望（後者是導致臍輪被收回的原因）。

隨著我們接近新的黃金時代，時候到了，該要讓光之工作者復原臍輪的特殊品質。

大天使加百列

大天使加百列負責本我輪和臍輪的發展。如同我之前解釋過的，在亞特蘭提斯的黃金時期，這兩個脈輪是分開的，而當亞特蘭提斯文明的振動減弱時，臍輪被收回，我們不再唾手可得合一密碼與力量密碼。

現在，合一密碼在你之內建立得越深厚，你就變得越溫暖、越熱情。當你帶著接納生活，尋找他人最美好的一面，而且完全平靜與和諧，這個脈輪就變得清明且散發出安詳。

當這事發生時，大天使加百列便透過你運作，啟動你善於創新且富於想像的才能。你以前可能不曾作畫，但是現在，你突然間感覺到想要拿出畫筆的渴望。你可能會一心渴望製作陶器、繡掛毯或創造美麗的其他東西。

當臍輪散發出愛的光芒時，
大天使加百列便幫助你
發揮並表達你的創造力和藝術能力。

臍輪的功課

目前，臍輪內含十六間密室或十六門功課，跟臍輪下方的本我輪一樣。這兩個脈輪被密封在一間大密室裡，形成第三十三間密室，也就是靈感力。

當我們擁抱全然完美人類的藍圖時，臍輪與本我輪將會再一次分離，各別成為難以置信的脈輪。不過，就跟所有靈性中心一樣，我們在每一個靈性中心內經歷一段靈性旅程。臍輪的旅程是從分離一路穿越，直到合一。

閱讀並探索這個脈輪的前幾門功課時，你可能會找到你那茫然而寂寞的內在小孩，而這是你的機會，可以向你的內在小孩保證其價值並幫助它感到安全。假使你曾經感到寂寞，這尤其是一次契機。對西方世界來說，寂寞一直是學習的歷程，尤其是工業革命以來。

請記住，在你耕耘這個中心之際，大天使加百列始終與你同在，而且你可能喜歡在進入每一間密室之前請求祂在每一間密室內安置一盞燈。

- 第一室：你感到孤立，遠離他人，與世隔絕。
- 第二室：你遠離朋友、家人、其他人。
- 第三室：你冷淡或疏離，因此別人認為你高不可攀、冷漠。

- 第四室：你要麼有非常嚴格的邊界，因為你害怕生活和人們，要麼你完全沒有邊界，因此你不知道該從何處開始，或別人該在哪裡結束。
- 第五室：你發現很難理解他人。你感覺自己融入不了或沒有歸屬感。

假使上述任何一種情況適用於你，請安撫並寬慰你的內在小孩。讓內在的睿智父母跟你聊聊。或者，召請揚升存有並好好聆聽，讓祂們告訴你，你獨一無二、很特殊、很可愛，而且你原本就是這個樣子。

- 第六室：當你觸及這門功課時，你開始感覺友善、溫暖、滋養地對待每一個人。
- 第七室：你展開雙臂，歡迎其他人。
- 第八室：你溫暖、關懷、理解地對待每一個人。
- 第九室：你在情感上滋養他人，藉此服務他人。例如，可以為對方做一頓飯、為對方放一缸洗澡水、邀請對方來到你家。你殷勤好客。
- 第十室：當這間密室打開時，你看見他人最美好的一面。你主動地看見對方美好的品質。
- 第十一室：你善於交際以及邂逅他人。
- 第十二室：你的家庭很重要而且你支持家庭的團結。舉例來說，你可能會個別打電話，讓家人了解家中發生什麼事，或主持一場與所有家人的遠距通話，提供隨時歡迎家人來訪的地方，舉行家庭聚會、或以其他方式做到這點。

- 第十三室：你幫忙建立和滋養社區。即使是簡單的事，例如撿垃圾或與鄰居聊天，幫忙增強這間密室裡的光。
- 第十四室：你善於包容，而且確保每一個人都有歸屬感。無論你在哪裡，都會吸引人們。
- 第十五室：你組織或參與公共慶祝活動，讓大家有機會齊聚一堂。
- 第十六室：你聆聽，不帶評斷，而且提供無條件的指引與支持。
- 第三十三室：密封著本我輪和臍輪的第三十三室等於靈感力。

隨著越來越多的人們成為五維並接納臍輪的功課，合作、有愛心的社區逐漸匯聚起來。世界各地的文化理解並敬重多元化。我們大家將會帶著愛看見世界人民的豐富性與多樣性。

當臍輪擴展時，我們被自己的神性使命所吸引，並在自己周圍形成靈性支援網絡。

在亞特蘭提斯黃金時期體驗到的合一記憶被記錄在我們大家的臍輪之內。隨著新的黃金時代臨近，我們的藍圖的這個部分將會被啟動，幫助大家團聚在一起。這將會把人類完全推進五維之中。

我們的臍輪的最高表達是與「無限」的合一及統一。這是更高揚升的關鍵。

觀想27

合一

- 找到一個你可以安靜下來且不受干擾的地方。
- 閉上眼睛，放輕鬆。
- 召請來自赫利俄斯的十一條金色太陽龍，感應到祂們強而有力地向你靠近。
- 感應到祂們包圍住你，閃爍著金光，散發著愛。
- 請求祂們燒掉使你與他人分離的任何東西——任何思想、信念、情緒傷痕或來自今生或其他累世的體驗。
- 知道祂們正在你的周圍盤旋，滌淨你的能量場，提升你的頻率，用祂們的金色火焰清理你周圍的世界。
- 看見一絲絲金色從你散發出來，觸及地球上的每一個人和動物。

第28章

連結到地球的知識、智慧、力量

在地球的中心有一個巨大的七維脈輪，叫做「中空地球」。它的巨大超乎想像，而且是在某個世界內的世界。在此，在一座巨大的金字塔之內，儲存了曾經發生在這個星球上的一切歷史、知識、智慧。

這包括之前五個黃金時代的資訊：一是「安加拉」（Angala）時代，地球誕生了；二是非洲的黃金時代，叫做「派特尼姆」；第三與第四是「姆」（Mu）和「列穆尼亞」時代，兩者都位於太平洋；最後則是剛剛結束的亞特蘭提斯。

在中空地球之內還保存著曾經對地球產生特別影響的古代文化的鑰匙；十二個最具影響力的能量之門及其能量的力量；以及動物、鳥類、海洋王國的一切資訊，包括曾經投生在這個星球上的任何生物的乙太對應物。編碼在中空地球內的是所有元素精靈、天使、天神王國的已知知識，以及時間和速度、其他維度、恆星、行星、星系、神聖幾何學、光、聲音、煉金術、合一等等的神聖奧祕。

關於蘊藏在中空地球內的知識和智慧的完整資訊，包括存取這些資訊的聲音和色彩鑰匙，可以在我與凱西・克洛斯威爾（Kathy Crosswell）合著的《通向宇宙的鑰匙》（*The Keys to the Universe*）一書中找到。

透過你的五維太陽神經叢脈輪，
你可以存取所有這些地球的
資訊、智慧、力量。

太陽神經叢脈輪

太陽神經叢脈輪非常敏感。它管理你的胃、肝、脾、腸。多數人體認到，如果你進食的時候很緊張，就無法適度吸收營養。這個靈性中心不僅消化食物，也消化人生經驗。它是本能、直覺、反應的活動中心，也是你的精確指南。它幫助你辨別真相。在現在這個大量虛假資訊充斥的時期，這點確實至關重要。

這個脈輪往往可以突然之間使你的表意識覺知到需要做出改變。舉例來說，你可能會漫不經心地沿路前行，意外地接收到突然間閃現的知曉，明白時候到了，該要搬家或離開一段關係了。

來自你的高我的輕推

透過你的直覺傳遞。

讓你的太陽神經叢告訴你可以信任誰和信任什麼。

它將會指引你找到適合你的事物。

在三維頻率時，這個脈輪是黃色，而且不斷警戒著危險。它也吸收周圍人們的恐懼，尤其是與你的恐懼相通的恐懼。

然而，當你的太陽神經叢完全五維時，它便放輕鬆，散發出金色智慧的光芒。你感覺到寧靜、安詳、沉著、自信，信任你的天使和指導靈可以照顧你。此時，你的太陽神經叢脈輪蛻變他人的恐懼，不吸收對方的能量，而且和平地觸動認識和不認識的人們。

當你掙得了存取真實智慧的權利時，

你的太陽神經叢就變成深金色，

有著彩虹般的光芒。

在這個層次，這個脈輪美麗高頻的天線伸出去，尋求更高的靈性視角，看待家中和戶外的所有情境，而且散布著撫慰這些情境的和平。

當你尋找人們和情境的優點時，
你的太陽神經叢脈輪便發出基督之光。
沒有人可以影響你。你是大師。

地球和宇宙的太陽神經叢脈輪

地球的太陽神經叢是整個南非。幾千年來，這個國家吸收並蛻變了世界的恐懼，它需要我們大家為它傳送和平、和諧、智慧的金色能量。然後這將會散布整個非洲和整個地球。

宇宙的太陽神經叢就是我們的星球——地球。過去二十六萬年來，雖然我們的宇宙一直是四維，但我們的星球卻一直吸收並蛻變出現在宇宙中的所有恐懼。這向來是艱鉅的任務，也是地球被低階能量淹沒並變成三維的原因之一。因此，宇宙對我們抱持極大的善意，許多靈性之手從宇宙伸出來，幫助我們在偉大的計畫中返回到我們應有的位置。

大天使烏列爾

大天使烏列爾負責人類太陽神經叢脈輪的進化。祂散發出帶有紅寶石光芒的深金色。祂將光傳送到你體內，療癒你的太陽神經叢，祂將你包裹在愛裡，藉此消融掉你可能緊抓不放的任何震驚和創傷。祂可以解除抑鬱，幫助你看見生命的可能性。祂將光照射到你裡面，幫助你治癒對死亡的任何恐懼，優美地超脫。祂從太陽神經叢脈輪的密室中汲取負面性並注入金色能量。每當你選擇和平而非衝突、冷靜而非侵略或勇氣而非怯懦的時候，你強化你的太陽神經叢，大天使烏列爾便與你連結得更加緊密。

隨著你的太陽神經叢進化且你建立了真正的自我價值，你的靈魂的智慧顯現出來，使你能夠擷取累世學習到的一切。你也可以調頻聆聽地球儲存在中空地球內的大量知識和智慧。

大天使烏列爾還指揮金色的和平天使，祂們透過我們為世界帶來統一與平靜。隨著你的太陽神經叢脈輪成為五維，你可以成為世界的真正和平大使。當你的太陽神經叢脈輪全然進化時，你可以與其他恆星系統連結，傳播善意並享受與宇宙完全契合相映的感覺。

太陽神經叢脈輪的功課

太陽神經叢內有範圍非常廣泛的功課，從精通嫻熟恐懼與怯懦，一路上達帶出智慧並步入銀河聯邦大師層級。你可能已經學會了所有這一切，但是如果你發現某間密室烏漆墨黑，或你自己的某一部分仍然卡在那裡，不妨請求大天使烏列爾照亮它。

前十六室持有某種該要適時蛻變的恐懼。還好，只要好好閱讀我們大家都必須學習的能量和功課，加上自我接納的態度，往往就能讓大天使烏列爾傾注祂的智慧。請記住，在你閱讀之前，要先請求得到大天使烏列爾的智慧。

- **第一室**：在第一室中，你學習精通嫻熟攻擊或衝突。要暫停評斷自己，記住幾乎每一個人都持有壓抑了好幾世代和好幾輩子的憤怒。它也源自於你的內在小孩持有的恐懼，害怕你不夠好，或不被認可，或被困住，或無法勝出，以及許多其他恐懼。花點時間找到你憤怒生氣的部分，好好聆聽它。請大天使烏列爾用金色的智慧照亮這間密室。
- **第二室**：怯懦。我們全都害怕某樣東西，從踏入未知，到改變、痛苦、後果、拒絕和死亡。在此，你接受考驗，看看你是否帶著膽量和勇敢行動，還是你膽小、軟弱、怯懦。

當你通過這些考驗時，你感覺比較堅強、比較安全，你的光也比較明亮。要請求大天使烏列爾強化你。

- **第三室**：害怕失去。這間密室裡蘊藏著我們人類對失落的恐懼。這可能是失去朋友、伴侶或孩子，或失去工作、住家或汽車。明白什麼東西都不曾被拿走，除非那是靈魂協議且基於至善，這可能會幫助你放下執著。請記住，失落可能會累生累世不斷積累，要請求大天使烏列爾幫助你釋放它們。請求祂用金色的和平填滿這間密室。
- **第四室**：當你感到焦慮或不安全時，你正在面對第四室的功課，而且要求你戰勝這些恐懼並保持冷靜且歸於中心。那些恐懼源自於信念和想像，而戰勝這些恐懼並保持冷靜且歸於中心可以幫助你聚焦在正向的畫面，然後請求大天使烏列爾用金光照亮它們。
- **第五室**：許多人想像可能最糟的結果，以此讓自己停滯不前並為自己召來艱難的情況。假使一部分的你被卡在這間密室內，不妨主動地觀想在你人生中任何情境的最佳結果，而且定期這麼做，直到它成為新習慣為止。
- **第六室**：當個霸凌者或受害者。這些是同一信念的相反結果。兩者都來自於你的內在小孩感覺不夠格，所以如果這間密室烏漆墨黑，請致力於正向的自我對話並請求大天使烏列爾支持你。
- **第七室**：當你在心智上或情感上依靠或仰賴他人時，無論是仰賴對方的支持或對方的意見（例如，在共依存的關係中），能量就卡在這間密室裡。因此，要讓自己盡可能地自立自強，同時能夠與他人合作。

- **第八室**：這間密室的功課是建立健康的自尊，換言之，讓你的自我感知務實而坦率。這裡可能有對立的兩個極端。一是膨脹你的自我圖像，相反則是低自尊，在此，你的自我對話消極負面。假使情況如此，請賦予自己更高的價值，相信你當之無愧。
- **第九室**：這間密室是關於自我價值，也就是相信：身為人類，你天生就有價值。
- **第十室**：在此，你學習對自己有信心，可以完成或說出正確且適當的事。要建立你的自信，點燃這裡的光。
- **第十一室**：傲慢源自於欠缺自尊和價值。放下傲慢吧！
- **第十二室**：不信任他人。假使這間密室的一部分烏漆墨黑，要探索你小時候發生了什麼事，而且重新架構它。然後著眼於你信任自己到什麼程度。
- **第十三室**：學會信任生命。好好注意人們或宇宙多麼頻繁地支持你。
- **第十四室**：完全放下警惕和懷疑，讓這間密室能夠發光。你可以尋找他人最好的一面，藉此做到這點。
- **第十五室**：小我想要達成目標，因為渴望獲得稱讚。在此，你放下這點，瞄準達成目標是為了渴望提供服務。

• 第十六室：在此，你讓他人影響你或感覺他人比你好。你認清自己，腳踏實地。

現在，你的太陽神經叢內的密室開始發出五維的光。請繼續前進：

• 第十七室：你完全接受自己本來的樣子。
• 第十八室：你維護他人的權利。
• 第十九室：你信任他人，因為你看見對方最好的一面。當你這麼做的時候，你可以仰賴他們。
• 第二十室：獨立自主。在這裡，你認清自己，腳踏實地，成為大師。
• 第二十一室：接收愛。敞開心扉，接納人類和動物的愛。大天使烏列爾也可以將「本源」的愛照射到這間密室裡，所以請敞開大門。
• 第二十二室：信任你自己。當你精通嫻熟這個脈輪的所有功課，你全然信任自己的直覺和決定。
• 第二十三室：謙遜。這間密室的功課是要擁有美好的自我價值，才能好好聆聽他人並關注對方的需求和感受。
• 第二十四室：內在的平靜。你已經培養了安詳和寧靜的感覺，無論周遭發生什麼事，你都保持這種感覺。

- 第二十五室：散布和平。這間密室金黃璀璨，它自然而然地在你周遭散發出和平的氣息。
- 第二十六室：為他人賦能培力。你主動地推動他人前進，使對方感覺自己很美好。
- 第二十七室：基於至善而分享。在此，人們和社群相互依靠。
- 第二十八室：這間密室的功課是無害，這是一種高度進化的品質。當你發展出無害的時候，所有人們和動物都感覺到跟你在一起很安全。
- 第二十九室：療癒你的前世。設定寬恕自己和他人的意圖，然後穿越時空回溯，感應到你累生累世的脈絡。請求大天使烏列爾療癒並蛻變你的時間線。
- 第三十室：智慧，加上智慧帶來的自信。
- 第三十一室：帶出來自前世的智慧。當你可以取得過去的智慧時，這間密室便發出深金色的光芒。
- 第三十二室：與銀河聯邦的智慧連結。肯定地表明你已經準備就緒，要接收來自光之存有的下載。
- 第三十三室：成為銀河聯邦大師。你認清自己，明白自己的力量和價值，連結到「一切萬有」（All That Is）。

和平

- 看見或感應到你的太陽神經叢脈輪散發出深金色的光芒。
- 花點時間，吸入深金色的光。
- 觀想自己跪在大天使烏列爾面前。
- 祂用「和平之劍」與「銀河聯邦大師層級」觸碰你。
- 感應到你自己被祂的和平天使們圍住。
- 指揮這些天使們將和平散布到世界各地。

第29章

喚醒你的高階心

你的本質是愛。它始終如此，將來也會一直這樣。愛是電燈泡白熱完美的燈絲。只有玻璃上的灰塵和污垢會使光線變暗。那個白熱中心就像你的五維之心的純白中心，透過「宇宙之心」直接連結到「本源」。把燈泡的玻璃清潔乾淨，你就可以建立連結，清楚地看見它。

若要完成這事，就要看見每一個人心中的神性之愛，同時體認到其他一切都是小我。

心的旅程是
從以自我為中心到純粹的愛。

心輪

心輪有三十三間密室。外圍的密室是綠色，你的心在此封閉排外，而且在此，你經歷以自我為中心的體驗和功課。它幫助打開那些密室的門且在每一間密室內安置愛的火焰。無論你如何進化，就跟所有脈輪一樣，可能仍然有某些功課尚未完全精通嫻熟。隨著你敞開接受愛，你向內移動，來到粉紅色的密室，然後，隨著你的愛變得更加靈性，你移動到紫粉色的密室，直至抵達你的高階心最裡面的純白密室為止。

找到愛的渴望
是驅動人與人之間每一個情境或分歧的力量。
現在終於，我們全都可以找到愛。

地球和宇宙的心輪

地球的心輪位於英國的格拉斯頓柏立（Glastonbury）。

這個宇宙的心輪是金星。從「蓋世聖丘」（Glastonbury Tor）到金星的能量之門是由耶穌打開並啟動的，祂現在是「宇宙之愛的使者」（Bringer of Cosmic Love）。成千上萬的人們感應到愛的能量透過這扇能量之門傾瀉，而且被吸引到格拉斯頓柏立，為的是啟動他們自己的心輪。

金星是「宇宙之心」，它直接從「本源」接收神性之愛的頻率。這些是閃閃發光的白色。地球是變壓器，將這份愛逐步下降至我們可以接受的頻率。當你在靜心時或睡眠中連結到宇宙之心時，它便加速你邁向愛的旅程。

大天使夏彌爾

大天使夏彌爾照耀心輪的進化和發展。祂通常將自己展現成純白色帶少許的柔粉色。祂向你照射你所能接受最高頻率的愛。

與你的心輪合作的靈性存有

當你動用這個脈輪時，祈請下述天使存有很有幫助：

- 你的獨角獸

• 一條美麗的粉紅龍
• 大天使夏彌爾，祂是「心的天使」
• 大天使麥達昶，祂負責整個揚升過程且與心的敞開息息相關

在你閱讀穿越心輪旅程的相關資訊之前，要請求祂們將祂們的能量聚焦在你的心輪上，照亮你穿越這些密室的道路。這裡有一份祈請，幫助你吸引祂們來到你身邊：

我現在祈請一條美麗的粉紅龍
燃燒掉從我內心的低階密室釋放出來的任何稠密能量。
我祈請親愛、純淨、美麗的獨角獸
淨化和照亮我心中的所有密室。
我祈請大天使夏彌爾幫助我整合尚未完全吸收的任何功課，
讓我的心可以接受純粹的愛。
我祈請大天使麥達昶
逆時針轉動每一間密室前方的麥達昶立方體，

取出密室內剩餘的任何障礙。

這一切完成時，我請求大天使麥達昶順時針旋轉麥達昶立方體

重新編碼這些密室，

並用輝煌的六維或七維光填滿它們。

所願如是。

信任這一切現在正依照神性的正確秩序發生，而且在心輪揚升時，你的獨角獸、大天使夏彌爾、大天使麥達昶、發光的粉紅龍正在將祂們的能量聚焦在這個脈輪上。

穿越心輪的旅程

人類的心輪成長、進化，歷經累生累世。在你經歷那些邁向純愛的步驟之際，要做好準備，好好檢視自己，而且趁此機會，好好清理、釋放、寬恕你緊握不放的任何人事物。請拿著你的愛的火焰進入第一間密室。

- 第一室：在此，你探究已經犯下或可能仍舊在犯的任何不友善行為。要寬恕自己的過去，下定決心，要始終與人為善。
- 第二室：當你的心關閉了，你無情或冰冷，所以要照亮這間密室，打開通向愛的門窗。
- 第三室：在這間密室中，你照料受傷或憤怒的感覺。這些感覺可能會以某種方式糟蹋關係或人生的另一個面向。要反問自己，你準備花多少時間緊緊握住過去的感覺，從而玷污你的今生。
- 第四室：這隻善妒的綠眼怪物，意謂著你感覺自己不夠可愛。如果這間密室裡有綠色黏液，請將它清除，然後打開你的心。
- 第五室：當你只顧自己時，你無法伸手觸及他人，於是這間密室關閉。要敞開心扉，對他人感興趣。
- 第六室：這裡蘊藏著恐懼，擔心滿足不了你，所以你貪婪。要開始把東西送出去，同時觀察更多的事物如何回流到你身邊。
- 第七室：在此，你退縮，回到自己的世界。假使你體認到這點，請努力卸下你的盔甲，讓他人進來。
- 第八室：當你體驗到寂寞時，能量便卡在這間密室裡。要溫暖而友善，你將會吸引與你同頻的人。

- 第九室：當你克制自己或對事物有所保留，或是你吝嗇卑鄙，那麼這間密室的門依舊關閉，因為你正在阻擋生命的流動。要體認到這點，有意識地讓你的生命的每一個領域流動起來。
- 第十室：這是低階密室中的最後一間。在此，你悲傷或不快樂。假使情況如此，請連結到大自然，接收大自然的療癒。

此時，心室的花瓣開始綻放。

- 第十一室：你感受並表達對動物的愛。
- 第十二室：你愛大自然。
- 第十三室：你感受並表達對孩子的愛。
- 第十四室：你感受並表達對伴侶的愛。
- 第十五室：你感受並表達對家人或另一個人的愛。
- 第十六室：你感受並表達對他人的愛。
- 第十七室：你愛自己，愛真正的你。
- 第十八室：你同理他人。
- 第十九室：你對他人有慈悲心。

- 第二十室：你關心他人。
- 第二十一室：你寬恕他人。
- 第二十二室：你寬恕這整趟地球體驗，包括你做過或感受過的一切和曾經發生在你身上的一切，以及人類的不人道行為。
- 第二十三室：你寬恕自己。
- 第二十四室：你古道熱腸。
- 第二十五室：你熱情而好客。
- 第二十六室：你慷慨大方。
- 第二十七室：你無條件地付出。
- 第二十八室：你對全人類有愛。
- 第二十九室：你感受到且提供無條件的愛。
- 第三十室：你進入超然的愛。
- 第三十一室：你與「宇宙之心」連結。
- 第三十二室：你體驗到宇宙的愛。
- 第三十三室：這是真正的合一。

當你從你的高階心生活時，你因愛而發光，於是每一個人感覺到有你在真好。你的光影響著和諧宇宙。

觀想 29

觸及高階心

- 肯定地表明，你寬恕不是愛的每一個人和每一個情境。
- 感應到或看見大天使夏彌爾站在你面前。
- 祂的雙手在你的心輪上。
- 純粹的愛直接注入你的心。
- 你看見或感應到或感覺到的一切都是愛。
- 把愛的氣息送入你的心。
- 感覺到你的心正在向世界散發純粹的愛。

第30章

忠於自己

在五維意識中，你不自覺地說出你的真理。當周圍的每一個人都有靈視力且可以看見你的能量時，除了敞開與誠實，其他均毫無意義！在這個頻率，你高尚、勇敢、堅強，十分正直誠信。這些品質對大師層級來說至關重要，而且要求我們現在要落實這些，為新的黃金時代預作準備。當世界上所有人們都生活在這個榮譽的層級時，就會有完全的信任與安全。

通向真理的旅程

在喉輪中，有二十二間密室或二十二門功課指引你踏上榮譽和勇氣的道路。隨著你探索這些功課，你的氣場變得清明而誠實，於是你敞開來接納靈性天賦（包括療癒），直至你對神擁有全然的信心為止。這是高階溝通的脈輪。

隨著過去幾年的發展，喉輪已經擴展且納入了擁有十一間密室的「頸動脈」（Alta Major）脈輪，形成三十三門功課，與許多其他脈輪並駕齊驅。

頸動脈脈輪

我第一次聽說頸動脈脈輪是大約四十年前在露絲．懷特（Ruth White）的演講中，露絲是「吉爾達斯」（Gildas，譯注：六世紀的英國僧侶、作家、聖徒，人稱「智者吉爾達斯」）的傳訊人。以前沒有人聽說過這個脈輪，而促成這場活動的人們也抱持懷疑態度，強烈要求要知道為什麼以前沒有人知道頸動脈脈輪。顯然，由於人類的揚升當時還處在非常早期的階段，因此之前它並不明顯或無法使用，而露絲將這個資訊帶過來。

頸動脈脈輪位於頭骨底部，也就是連接頸部的地方。當你在三維的時候，它內含許多將你帶入老舊矩陣幻相的編程。隨著你在靈性上醒來，這些老舊信念必須被清除掉，就好像清理電腦磁碟，才能下載全新的資訊。不過，這並不像清理電腦磁碟那麼容易，因為許多人們、宗教、政府等等，都熱衷於維持現狀。往往需要勇氣，才能放下幻相並完全醒悟到你的神性的真相。

頸動脈脈輪時常被稱作「意識的活動中心」（Seat of Consciousness），而且與海底輪中的「靈魂的活動中心」相連。它曾經被認為是次要的揚升脈輪，但是隨著老舊事物被日益消融且頸動脈脈輪逐漸成為五維，事實證明頸動脈脈輪相當光輝燦爛。

五維的頸動脈脈輪提供

高階喉輪缺失的十一間密室或十一門功課，

而且將這裡的功課提升至全新的層級。

多年前，露絲．懷特描述頸動脈脈輪是棕色。就跟所有脈輪一樣，頸動脈脈輪的色彩頻率進化了，現在是深藍綠色或深青色。

藍色帶來真理、力量、保護、療癒、和平，綠色則是大自然、成長、全新開始的顏色。這種特定的青色振動是被帶過來幫助人類揚升的新色彩之一。

喉輪區的頸動脈是一處連接點，

在能量上鏈結到高階心。

它也經由啟動昆達里尼並讓昆達里尼更自由地流動，

連結頂輪、眉心輪、海底輪。

地球和宇宙的喉輪

地球的喉輪是埃及的路克索（Luxor）。宇宙的喉嚨是與溝通有關的水星，而水星的已揚升面向叫做「特拉弗尼」（Telephony）。

大天使麥可

大天使麥可在深藍色的層面振動，反映喉輪的最高面向以及頸動脈區青色中的藍色。祂攜帶「真理之劍」（Sword of Truth），斬斷低階能量，而且如果你請求，祂的天使們必會永遠保護你。當你致力於你的高階喉輪時，大天使麥可總是與你同在。

穿越高階喉輪的旅程

穿越喉輪的旅程有二十二個步驟加上頸動脈脈輪的十一個步驟。總共是三十三個步驟，這也是基督意識的振動。

所有喉輪的密室都異常敏感，因此在展開穿越它們的旅程時，你需要額外的保護。

這是通向更高意識的旅程，而且你被要求要從內部的密室開始，沿著螺旋形向外下工夫，從而好好防護其脆弱中心最微妙的能量。

此外，在你開始閱讀與整合這個脈輪的功課之前，要暫停片刻，運用以下這些話請求大天使麥可以及一條深藍龍和你的獨角獸保護你的探索並幫助你將頻率保持在高檔：

我現在祈請，在這趟旅程期間，大天使麥可將祢的深藍色保護之光安置在我的周圍，一條深藍龍前來清理我的道路並保護我，一隻純白獨角獸將我的頻率保持在高檔。

就跟所有脈輪一樣，你可能在前世經歷過某些旅程。

- 第三十三室：了解宇宙的一體性。你可能曾在寧靜的夜晚仰望星星時體驗過這份知曉。
- 第三十二室：一體性的感覺被擴展，囊括與大自然及和諧宇宙合而為一。
- 第三十一室：你將「宇宙之心」的能量帶進這間密室。花點兒時間有意識地做這件事。
- 第三十室：你存取揚升的高階密碼。假使你提出請求且準備就緒，大天使麥可將會下載這些內容。
- 第二十九室：對於生命和大師層級，你獲得全新的視角。
- 第二十八室：你與高階存有連結，包括天使、大師、來自其他恆星或行星系統的高度進化存有。

- 第二十七室：你憶起你的靈魂旅程的重要細節。你可能會發現自己正在引進智慧以及知識。
- 第二十六室：你憶起前世的重大事件。
- 第二十五室：你完全治癒你的前世。這是關於深層的寬恕。
- 第二十四室：你信任自己的直覺，信任到你用言語表達出來。
- 第二十三室：你下載鼓舞人心的概念，以便分享這些概念。
- 第二十二室：你對神有絕對而完全的信任。
- 第二十一室：你學會信任自己。
- 第二十室：你是光之大使，而且為了這個目的手持「真理的火焰」（Flame of Truth）。
- 第十九室：你正直誠信地運用鼓舞人心的領導力。
- 第十八室：你體認到你的真實本性且向你的神性宏大致敬。
- 第十七室：你透過心靈感應和口頭言語教導真理。
- 第十六室：你總是帶著敬意、誠信說話。
- 第十五室：你敞開且調頻對準更高的真理。
- 第十四室：你能夠為自己說話。

• 第十三室：你可以而且確實為他人發聲。

• 第十二室：你知道自己是誰。

• 第十一室：你接受你確實宏偉莊嚴。

• 第十室：當你說話時，你主動地為他人賦能培力。

• 第九室：你以心靈感應溝通交流。

• 第八室：無論他人說什麼或做什麼，你都說神性的真理。

此時正視這個脈輪的低階功課，趁此機會釋放這些恐懼：

• 第七室：你附和他人的意見，允許自己受人影響進而扭曲真相。如果你意識到情況如此，請停下來，好好決定什麼適合你。

• 第六室：因為害怕被誤解、不被相信或被迫害，你躊躇不前。這些是來自童年或前世的信念。時候到了，該要認領你的力量並傳播你的真理。

• 第五室：你正在學習信任自己內在的聲音和守護天使的提示。

• 第四室：這裡的功課是好好聆聽，真正地聽見，從而理解訊息。

• 第三室：在這間密室裡，你正在拒絕聆聽。如果你相信情況如此，請每天安靜地坐下來，虛心接收。你可能不會立即接收到指引或印象，但是如果堅持不懈，你一定會接收到。然後光會照進這間密室。

- 第二室：你故意說謊或扭曲事實。這不是你的內在小孩在操縱就是在保護。時候到了，該要有意識地放手。
- 第一室：你為了保護自己而撒謊或不誠實。要改變這點，因為當你說出你的真理時，這間密室就明亮起來，這反映在你的整個氣場中，人們將會開始尊敬和信任你。

你的喉輪現在散發著閃爍的半透明深藍色帶著少許綠色。人人認為你值得尊敬且信任你。

觀想 30

大天使麥可的真理之劍

- 召請一條深藍色龍，在你周圍創造出藍色保護能量的漩渦。
- 請求你的獨角獸陪在你身邊，將你的頻率保持在高檔。
- 請求大天使麥可用榮譽、誠信、真理觸碰你。
- 花點時間感受並承認這些能量。

● 大天使麥可用祂燃燒的「真理之劍」輕輕地觸碰你的喉嚨。

● 感應到使你躊躇不前的老舊事物和模式被切斷。

● 你可能會感應到純淨的藍色火焰明亮起來，填滿你的喉輪。

● 看見自己說出你的真理。

● 隨著藍色火焰擴展並包圍住你的身體，感覺到一股能量湧動。

第31章 啟動你的靈性與通靈天賦

某些先知（具有進階靈性和通靈能力的智者）可以透視水晶球，看見他們需要知道的一切，包括過去、現在、未來。當你完全五維時，你前額中央的眉心輪就變成你自己個人的水晶球。

眉心輪

這個複雜而強大的脈輪中有九十六間密室，而且每間密室內含一門功課。我們不會在此仔細檢查所有那些功課。不過，這個脈輪分為七層，而我們將會著眼於這七層。

這有點像探索一棟七層樓的公寓。你可能已經參觀過每一層樓的幾間公寓，不過還有幾間沒有探索過。你可能已經整合了某些知識，無論是在前世還是在今生的早期。你可能比你意識到的更善於通靈，卻並不完全懂得心靈感應或靈視力。同樣地，你可能正在接收和諧宇宙的下載，卻沒有好好享受豐盛意識。

這是非常強而有力的脈輪，它的力量可以被濫用於謀取私利或操控，也可以用來聚焦於至善。以前者而言，它阻礙你與地球的揚升。就後者來說，你成為指路明燈，對地球的揚升產生巨大的影響。

地球和宇宙的眉心輪

地球的眉心輪在阿富汗。你的眉心輪威力強大。阿富汗的山脈也威力強大，蘊藏著豐富的銅、金、寶石、石油、礦產。

預計這個國家將是地球上最後一個和平的地方。它反映人類的眉心輪，而我們越快點燃這個中心的光，就可以越早享有世界和平。

宇宙的眉心輪是木星，它的揚升面向叫做「珍貝」（Jumbay）。從阿富汗到木星和「珍貝」有一扇能量之門，因此當阿富汗上升進入五維時，不僅地球上會有和平，而且幸福和豐盛將會散布至整個地球。

大天使拉斐爾

大天使拉斐爾是掌管療癒和豐盛的祖母綠天使，監督著人類、地球、宇宙眉心輪的發展。祂的雙生火焰天使瑪麗（Angel Mary）是奇妙的療癒師，攜帶著所有神聖女性的品質，尤其是愛與慈悲。

七層眉心輪

這個中心內有七層，而且需要嫻熟精通每一層，才能在通向更高揚升的旅程上造福全體。

1. 幻相

第一層是關於參透幻相，看清真相。不屬於愛和最純淨的光的任何事物都是幻相。現在虛假資訊和陰謀論比比皆是。這是辨別真相與幻相的絕佳機會啊！我是處女座，而所有處女座的一大功課是識別力和區別力，所以我花了許多年針對這點下工夫！我理解某些理論令人興奮雀躍且充滿戲劇性，但我正在學習忽略不符合真理的一切。那麼多的暗黑東西，從戰爭到疾病到離婚，看似非常真實，而且感覺非常痛苦，尤其是當你正在經歷的時候。它怎麼可能是幻相呢？

「本源」是「大愛」和「神性之光」。這是真相。你是「本源」的一部分，所以「大愛」和「神性之光」是你的本質，也是世界上每一個人類和每一個動物的本質。在此，「大愛」被定義成「完全的接納，沒有私下的盤算或評斷」，而「神性之光」則是靈性知識和資訊的最高頻率。假使那是你在某人（乃至最危險的動物）身上看到的，對方將會從其純淨本質中的愛回應你。

唯有當你退出
「本源」的熾熱之心時，
你才透過幻相的扭曲透鏡看見。

假使你看見任何不是愛或純粹的光的東西，它是你自己內在某樣東西的投射。一定是這樣，因為如果它不在你之內，你根本就看不見。

所以宇宙不斷地為你提供鏡子，讓你好好觀察，從而看見自己無意識的面向反映在你周圍的人們和情境中。你越聚焦在他們（或它們）並賦予其能量，他們（或它們）看起來就越真實。我時常收到人們的瘋狂來信，希望他們的伴侶、孩子、父母、同事或朋友可以改變。「我如何才能讓他停止那樣對待我呢？」「我如何才能幫助她明白她應該要搬走呢？」「關於我的孩子的行為，我該怎麼辦呢？」答案始終一樣：「對方正在將某樣東西反映給你。要改變你自己，而且反射的映像必須改變，對方才會有不同的行為或離開你的生活。」

此外，你聚焦在對方的品質或行為，那些都是幻相。真相是，隱藏在底下的是一位美麗的神性存有。要聚焦在對方美麗的神性面向，對方才能向你展現那個面向。

恐懼和小我也是幻相。真相是，無論你挑戰什麼，你的「靈」都會經歷它。不管怎樣，你的小我可能會減弱，而在通向愛的旅程上，那是學習的過程。

> 假使有人試圖讓你感覺自己與眾不同或不如他人，
> 要記住，那是他們的幻相。

無論如何，假使你相信，那個信念就變成你的。只需聚焦在你的本性充滿愛的本質。

假使某人推斷你不如另外一個人，那又是一次考驗。當你忽視這個考驗且全神貫注於你的神性宏大時，你就超越了眉心輪旅程的第一層。

幾個人可能會仔細看著同一面鏡子，看見同樣的東西。多少人看見負面的東西，都無關緊要，它依舊是幻相。集體可以非常威力強大。許多媒體都相信且以多種方法考驗你。如果有人跟你談論戰爭、傷害或分歧，對方關注的是幻相。

要改變主題或電視頻道。不要進入對方的宇宙。該是光之工作者超越幻相的時候了。

> 你為你關注的事物注入能量，
> 所以要看見善與美。

最大的幻相是死亡。真相是，你在更衣室裡脫掉肉身長袍，然後進入下一個房間。

我們都聽人說過，世界是幻相。在三維中，我們以個人和集體的方式共同創造了那齣戲劇。但是直到我們步入純淨的愛與光，才有可能理解真相。只有到那個時候，我們才能夠看見和理解，那是因為與「本源」分離產生的。

當你按下開關，真正體認到從你的頭腦投射出來的影片是什麼的時候，在那個瞬間，你就可以選擇投射不同的影片。反射的映像改變成喜悅和愛。你的世界轉化蛻變。當其他人生活在黑暗中的時候，你不需要加入他們。

在我們正在接近的
五維範型中，
我們全都會步入光、愛、真理。

假使你想要轉化世界，
為新的黃金時代做好準備，
你可以從轉換自己的意識開始。
然後你可以移動到眉心輪的第二層。

2. 心智療癒

你發送出去的念頭可以大大地影響他人。某個念頭背後蘊含的能量越多，它就可以越深入地滲透接收者的氣場，對他們的健康和幸福產生負面或正向的影響。然而，多數人的念頭太過分散，因此無法產生預期的效果。

第二層眉心輪的功課，是關於運用你的念頭的力量實現療癒和成就他人的至善。當前聚焦在靜心冥想和正念靜觀，重點都在於開發這一層的眉心輪。

當你在心智上聚焦，帶著正直誠信和正向意圖發送出全神貫注的正向念頭的雷射光束時，你就精通嫻熟了這一層的功課。這賦予人極大的力量，使你可以用它來加速整個地球的揚升。

你可以集中你的力量，觀想每一個人的五維健康藍圖就位。當你這麼做的時候，要請求對方在恩典之下接受這點。這意謂著，你正在請求對方，只有在他們的靈魂同意接受的情況下，對方才能受益。

你可以利用你的力量強迫某事發生，但如果那事不是基於對方的至善，你就為自己製造業力。在恩典之下請求，意謂著對方的靈魂指引那股能量。

3. 心靈感應

這是無須言語即可頭腦與頭腦直接溝通交流的能力。溝通交流可能以畫面、文字、想法、點子、感覺或概念的形式到來。

越來越多的人們甚至在沒有意識到的情況下逐漸懂得「心靈感應」。多數母親都以這種方式與自己的寶寶和小小孩交流，不過當嬰兒尖叫、引發父母的焦慮時，這阻礙接收能力。同樣地，動物愛好者也善於與他們的寵物心靈感應，而且直覺地知道寵物想要什麼。

心靈感應是雙向的過程，因為生物接收到你的想法，往往比接收到你的言語更容易。再次強調，假使你太過努力嘗試，反倒會遮蔽你的眉心輪。當你放輕鬆的時候，更容易敞開來接收電波。

人們或動物在不同的頻帶上溝通交流，不同於鳥類或樹木，而天使界和元素精靈界則在更高的振動發送訊息。然而你的眉心輪可以下載所有這些訊息。

要練習調頻聆聽人們和動物以及大自然和天使王國。放下任何先入之見並信任你得到的印象。

4. 創造

你的第四層眉心輪是關於創造和顯化。當你的十二個五維脈輪全數參與時，你可以運用其他脈輪的力量來顯化，但是直到最近，眉心輪還是你可以從中將欲望和意念向外發送到宇宙中的唯一靈性中心。從這裡，你不僅可以有意識地顯化你個人的夢想和願景，也可以顯化物品。每一個人都擁有這股潛在的力量，它在眉心輪的這一層被開發和磨練。

顯化奠基於三個因素：

- 深度放鬆的能力

- 清楚明確、全神貫注地聚焦在你想要創造的事物上
- 盡可能地提高你的頻率

隨著我們開始無意識地訓練自己更深度地放鬆，呼吸療法和放鬆技巧正逐漸被接受。在黃金未來，人們將會玩記憶遊戲來磨練自己的記憶力，也藉此改善聚焦和專注的能力。不妨注意過去幾年來，填字遊戲、數獨、文字遊戲越來越受歡迎。

從這一層，你也可以將畫面發送給善於接收的某人放鬆的頭腦。我在另一本著作中曾經分享過以下這則故事，而且它優美地說明這點。四十年前，我正在受訓成為催眠治療師。一位同學請某位朋友作為個案練習對象。當這位朋友深度放鬆時，這位同學帶著她沿路踏上一趟內在的旅程。同學決定將一道粉紅色柵欄投射到朋友的頭腦中。突然之間，個案驚呼：「太離奇了吧！路上居然出現了一道粉紅色柵欄。」你可以嘗試這類練習，帶出你的技能。誠信正直是做這類練習的必要條件。

5. 靈視力

第五層眉心輪是靈視力，也就是看透其他維度的能力。雖然「靈視力」（clairvoyance）

的字面意思是「清明的看見」（clear seeing），但是在這一層，你可能會非常覺知且善於通靈，實際上卻無法看見畫面。舉例來說，你可能只是強烈感應到未來會發生什麼事或過去已經發生了什麼事。

就跟所有天賦一樣，基於至善使用這點至關重要，因為你可能會調頻進入陰暗的維度，帶來不幸的後果。假使你的意圖和思想純淨，通向那些低階空間的門便上了鎖。唯有你自己的恐懼或抉擇，例如觀賞陰暗的電視節目，才可能打開那些門戶。

隨著你聚焦在更高的界域和揚升品質，你與靈性世界之間的帷幕越變越薄。你可能會看見靈，乃至揚升大師以及元素精靈、龍、天使、獨角獸。

6. 豐盛意識

第六層眉心輪是關於豐盛意識。當你成為五維時，這裡的密室開始打開。然後你的需求自動地得到滿足。

這可能發生得不著痕跡。舉例來說，你人在餐館，心想：我想要一些番茄醬，而服務員立即出現在你身邊，說道：「你想要一些番茄醬嗎？」或是某天早晨，你說：「我需要換車。我真想要一輛藍色的寶獅。」那天下午，你走過當地車庫，一輛藍色寶獅正特價出售。我的一位朋友說過，他實在需要放個假。五分鐘後，電話響了。一位多年未見的朋友邀請他去法國的別墅做客。

在這一層，你相信你配得這些美好事物，而且對它們心存感激。於是更多豐盛和繁榮的奇蹟自然而然地發生。宇宙看見你內心的渴望並將那份渴望帶給你。

要準備好接受神性的豐盛。

7. 靈認知力

第七層眉心輪是靈認知力（claircogniscence）、神性知曉或「靈知」（gnosis）。這是七層公寓的頂樓，由此你可以看見全景。事情清楚明朗。你接收來自恆星的下載。你擷取普世的真理。你不需要「看見」，你就是「知道」。

觀想 31

擴展你的眉心輪

- 想像你正走向一棟七層公寓。
- 走進一樓的大廳，尋找每一個房間的美。

- 你從一個樓層走到另一個樓層，打開一扇扇門，讓陽光照進每一個房間。
- 在二樓，聚焦於正在被療癒的世界。
- 在三樓，將一幅強而有力的美麗畫面傳送到某人的頭腦中。
- 在四樓，聚焦在某個夢想或願景。
- 在五樓，仔細查看一間間房間，看見不同維度中正在發生的事。
- 在六樓，想像你正從宇宙中接收你內心的渴望。
- 在建築物的頂樓，仰望星星，感覺一顆水晶球被安置在你的眉心輪中。

第32章
連結到和諧宇宙

宇宙浩瀚，恆星、行星、星系比比皆是。億萬個各種形狀和大小的非物質存有居住在宇宙中。雖然到了二〇三二年，我們的整個宇宙將是五維，但是這個宇宙中的某些天體和外星人已經進化到甚至更高的靈性層級。所有這些都致力於幫助地球取得它在這個宇宙中應有的五維地位。

頂輪

你的頂輪在你的頭頂，有一千片花瓣。每一片都向外伸展，進入宇宙，將你連結到一千顆恆星、行星、星系或宇宙能量池。

當你的頂輪完全五維時，你散發出人們甚至能夠看見的金色光環。

大天使約菲爾

大天使約菲爾（Archangel Jophiel）負責頂輪的發展，使你能夠引入宇宙的知識、資訊、智慧。這些被下載至頂輪的密室中且通常以完全知曉的狀態抵達。毋庸置疑。你只要接受那一切即可。

宇宙的幫手們

以下是某些現在想要幫助我們的宇宙存有。要樂於接受祂們且請求祂們的協助，因為祂們無法違背你的自由意志。

- 來自天狼星的存有，帶來靈性科技以及對神聖幾何學的理解。「九維基督之光的金球」（the Golden Globe of ninth-dimensional Christ Light）最近被安置在這裡。天狼星的揚升面向是「拉庫美」，它現在保有「十一維基督之光的金球」。它們一起將高頻的超然之愛發射給你，只要你願意接受。當你準備就緒時，你也能夠以你的「靈性體」造訪，擷取超然的愛。
- 「本源」之心療癒透過昴宿星團逐步下降。來自這個星座的所有七維存有在祂們的能量場中，都攜帶藍色的內心療癒之光，當你請求時，祂們便以藍色的內心療癒之光包圍住你。

- 來自大角星的存有是高度進化的，而且幾乎是一個群體意識，在此，全體利益的重要性勝過個人身分。這些令人敬畏的存有是先進的療癒師，如果你請求，祂們就會療癒你的脈輪、經絡、能量體、DNA。
- 金星已經完全揚升，而且將「本源」之愛逐步下降至我們可以接受的層級。只要你請求，來自這個行星的美麗存有就可以用純愛觸動你，而且將你連結到「宇宙之心」。
- 來自仙女座的存有非常高度進化。祂們散播更高階的愛，而且當你也進步時，就可以超越「宇宙之心」，從祂們那裡接收到非凡的愛。經由汲取來自獵戶座的智慧，以及汲取來自火星已揚升面向奈潔雷的和平進入祂們的能量場，祂們就可以真正提升你的頻率。
- 海王星是擁有較高靈性的行星。列穆尼亞和亞特蘭提斯的智慧和知識都保存在海王星已揚升的部分，叫做「陶提雷」。透過這裡讓祂們的能量逐步下降的許多存有，都攜帶著各自得到「本源」祝福的原始藍圖。來自這個星球的存有以神性的聖潔和智慧觸動你。
- 土星是紀律和秩序的行星。宇宙的靈性律法被保存在這裡。它的已揚升面向叫做「奎奇」。唯有自律，你才能成為大師，或運用智慧發揮真正的力量。來自土星的存有，正努力運用這些更高的可能性觸動你。

- 在天琴座與月球之間的巨型星際之門現在正在開啟，來自天琴座的存有陸續抵達。祂們的到來是讓你準備好迎接獨角獸能量，同時來自月球的存有則攜帶著神聖女性智慧和愛的密碼，祂們向你低語這些，尤其是在滿月的時候。
- 來自太陽的存有攜帶著神聖男性能量和快樂幸福的密碼，而且將會把它們傳遞給你。
- 在我們的太陽之外的太陽叫做「赫利俄斯」，人稱「中央大日」。在此，大天使麥達昶創造並保有這個宇宙的所有光之密碼。來自這裡的存有，正在觸動那些準備好擁有神聖男性密碼以及普世知識和智慧的人們。
- 來自水星及其已揚升面向「特拉弗尼」的存有，目前調頻對準更高的宇宙通信網路，準備好要幫助你誠信正直地連結到更高階的傳播內容。
- 來自木星的存有帶來豐盛意識，同時來自其已揚升面向「珍貝」的存有，使你能夠擴展所有的靈性概念並發揮你的潛力。
- 來自天王星及其已揚升面向「庫洛內」（Curonay）的存有，正在幫助你連結到所有恆星、行星、星系的智慧，使你準備就緒，可以從那些地方下載資訊。
- 獵戶座的大師們保有這個宇宙的智慧。來自那個星座的存有們，幫助你運用知識成就全體的至善。
- 雖然火星人以好鬥進取而聞名，但祂們其實是帶著尊重與敬意幫忙這個宇宙維持神性秩序。來自火星已揚升面向「奈潔雷」的存有，將靈性戰士的品質傳遞給你。祂們是保護者，也是睿智而強大的領導者。祂們低聲對你說，要盡你的本分，帶著愛連結這個宇宙的一切存有。

觀想 32

敞開來，接納和諧宇宙的智慧

- 聚焦在你的頂輪，想像你戴著一頂有一千根穗狀花序或觸角向上延伸的王冠。
- 你可能會感應到其中一或多根連結到恆星、行星或宇宙的能量。
- 允許自己基於至善而接收知識和智慧。
- 暫停一下，讓這一切有意識或無意識地融入你的頂輪之中。
- 看見整個宇宙被愛連結起來。
- 觀想你的頂輪周圍有一圈金色光環。

第33章

永久的和平

純白色包含完整的色彩頻譜。它散發聖潔的光芒，也是「本源」之愛與永久和平的顏色。

你必須爭取到在你的能量場中創造純白光的品質。當你這麼做的時候，你處在完全無害的和平層級，因此你周圍的人們和動物感到完全放鬆和安全。

永久的和平意謂著你永遠生活在這種和善的狀態中。假使你即將走過到處是飢餓獅子的灌木叢，也不會有獅子觸碰你。當你活在純白的純真中的時候，你如實地在你的神性本質中，那是非常進階的頻率。

有兩位和平天使，大天使烏列爾，祂帶著智慧與和諧在金色光束上散布和平，以及大天使克里斯蒂爾，祂在愛與喜悅的純白光束上傳播和平。

因果輪

你的因果輪位於你的頂輪上方，也叫做你個人的月亮，因為它閃爍著白色而且保有神聖女性之光。因果輪也直接連結到月球。這個脈輪屬於較高階的心智，保有靜定、和平、愛、喜悅、真理的意識。

這個靈性中心是一大間密室。當你培養了適當的品質時，就可以進入它。它是通向天使界的門戶。當這個脈輪被啟動時，鑲嵌了珍珠的大門就會打開，你可能會進入第七重天，或天使、獨角獸、高階靈性存有的七維世界。於是你步入天使和大天使們的奇妙世界，祂們與你連結且在你需要的時候提供幫助。當你記得要請求時，祂們的協助顯然唾手可得。

你也可以與你的守護天使建立更緊密的連結，祂不斷地指引你，同時協調同步性，使你能夠遇見符合你的天命的人們和情境。

隨著你每天與大天使連結，你甚至可能會開始辨別大天使的不同振動。

當你的因果輪就位時，你也開始連結到被譽為「純淨之最」（the purest of the pure）的獨角獸。祂們往往被視為純白色的乙太馬，有螺旋形的光之犄角。獨角獸就跟天使界的所有存有一樣，祂們可以化為任何形狀或以任何色彩出現，但祂們的本質是神性的聖潔。

許多獨角獸進入地球的能量場，祂們離開天琴座且經由月球過渡進入人類的因果輪，而且透過這個途徑進入地球周圍的天使界。數以百萬計的獨角獸已經以此方式連結到我們的星球和人類。

當你在靈性上成長進化，就有許多服務世界的方法，你甚至沒有意識到你正在做這樣的事。打開你的因果輪就是其中之一。

地球和宇宙的因果輪

地球的因果輪在西藏，那是靜定、智慧、和平的國度。大祭司宙斯帶領祂的部族來到那裡，隨身攜帶著真正和平的能量，而且這些能量最終發展成為佛教。在亞特蘭提斯隕落之後，由宙斯在此建造並由大天使克里斯蒂爾監督的大型宇宙級金字塔在實體上已被摧毀，但是在能量上，它保有地球上和平的鑰匙和密碼。

這座金字塔是通往「中空地球」內部「阿蒙提大廳」（Halls of Amenti）的入口之一，「阿蒙提大廳」是一座巨型圖書館，內含整個和諧宇宙大師們的所有靈性成就紀錄，由

「阿努比斯的哨兵們」（Sentinels of Anubis）保護。

宇宙的因果輪是月亮，而且它連結到十字形的鑽石白天琴座星際之門，過了這扇星際之門就是獨角獸界。

大天使克里斯蒂爾

大天使克里斯蒂爾負責這個超凡脈輪的發展。就跟許多其他宇宙存有一樣，祂最近才再次逐步下降，進入這個宇宙，協助當前的蛻變轉化，尤其是幫助地球。祂的進入點是天琴座的星際之門，亦即通向獨角獸王國的門戶。祂散發純白色的光芒，而且正如祂的名字Christiel所示，祂攜帶著基督之光的最高頻率。祂在地球上方的乙太靜修區位於耶路撒冷，而祂的雙生火焰大天使瑪洛莉（Archangel Mallory）的靜修區則在伯利恆（Bethlehem）上方。

大天使克里斯蒂爾也透過月球進入我們的星球。當你注視著滿月同時想到大天使克里斯蒂爾，乃至想著滿月時，祂的能量與獨角獸們的能量就照亮你的因果輪。想著滿月也促使天使們能夠更輕易地與你連結。在這些時候，大天使克里斯蒂爾可以下載光之鑰匙和密碼給你，有助於在你的因果輪中重新構建乙太ＤＮＡ。這些最終滲透進入肉身體之中，對你造成深遠的影響。

和平龍

龍完全屬於天使界。祂們的翅膀顯示祂們的心大大敞開。雖然某些龍的振動層級不足以使祂們生活在第七重天，但某些龍確實生活在第七重天。

其中包括「銀月龍」（silver lunar dragon），祂們攜帶月球的神聖女性能量，以及來自天琴座的「純白龍」（pure white dragon），祂們提供獨角獸王國的密碼。這兩種龍是清理專家，可以蛻變低階能量並照亮高階能量。

你可能希望採用以下祈請與祂們連結：

我現在祈請一條銀月龍以及一條來自天琴座的龍，
前來清理我的因果輪內的任何稠密能量。
在密室打開時，我祈請親愛的獨角獸前來淨化和照亮密室。
我祈請大天使克里斯蒂爾幫助我整合實現和平所需要的一切。
所願如是。

永久的和平

- 花點時間放輕鬆，聚焦在你的呼吸。
- 看見或感應到你的因果輪像你頭頂上方一輪純白色的月亮。
- 想像你在這輪月亮裡面安靜地等待。
- 大天使克里斯蒂爾進來並用祂白色的羽毛翅膀圍住你。
- 放輕鬆，進入那份和平與靜定。
- 感覺到你的氣場逐漸變成深沉安詳的白色。
- 鑲滿珍珠的大門敞開，你步入天使界。
- 好好享受與天使和獨角獸會面的時光。
- 感覺到祂們的愛與和平觸動著你。

第34章

通向靈魂智慧的旅程

你的靈魂已經踏上了極其漫長的旅程，穿越許多維度，在不同的星球上、不同的宇宙裡，搜集天賦、才能、知識、智慧。每一份體驗都是為了理解愛，而且這一切都記錄在你的「靈魂之星」（Soul Star）脈輪中。

靈魂之星脈輪

這個光輝燦爛的洋紅色脈輪有三十三間密室，分成兩區。大天使薩基爾負責蛻變低階區，同時大天使馬利爾（Archangel Mariel）負責照亮高階密室。在這些密室中，你擷取達致大師層級的真正鑰匙，而且進入更高的振動，展開與你的「單子」融合的旅程。在這個脈輪中，有各個通向前世天賦、知識、智慧的門路，以及來自你在亞特蘭提斯黃金時期的所有智慧。

地球和宇宙的靈魂之星脈輪

地球的靈魂之星脈輪在印度的亞格拉（Agra），沙迦罕（Shah Jahan，譯注：一五九二年至一六六六年，統治印度次大陸的蒙兀兒帝國皇帝，一六二八年至一六五八年在位）在那裡建造了「泰姬瑪哈陵」，紀念他對妻子的真愛。

這個宇宙的靈魂之星脈輪是獵戶座，也是智慧的星座。

穿越靈魂之星脈輪的旅程

在這個脈輪中，低階密室的體驗提供在愛方面非常重要的功課。身為父親或母親自動地帶領你經歷這一切。然而，如果沒有自己的孩子，你可以與別人的孩子或動物一起沿著這條路前行，或者，你在某個前世可能已經學過這些功課。某些人透過服務經歷這些體驗，例如，照料病人或從事慈善工作。這些低階密室甚至可能在你今生轉世之前就完全打開了。

在你踏上穿越這些低階密室的旅程時，你的獨角獸、大天使薩基爾、一條「金銀紫羅蘭火焰龍」將會把祂們的能量集中在這個脈輪上。

你可能喜歡採用下述這段祈請將祂們召喚到你面前：

我現在祈請一條金銀紫羅蘭火焰龍，
前來清理我的靈魂之星脈輪中的任何稠密能量。
當密室開啟時，我祈請親愛的獨角獸前來淨化和照亮密室。
我祈請大天使薩基爾幫助我蛻變不屬於高階愛的一切。
我請求大天使馬利爾提供神性協助，透過靈魂之星脈輪揚升。
所願如是。

- 第一室：在第一室中，功課是愛自己。這是關於接納自己本來的樣子，無條件地，不帶任何評斷。如果你想到或說出自我貶低的話，要請求大天使薩基爾蛻變那句話並用自尊取代它。
- 第二室：看見你的父母親是脆弱的人類，現在或過去，他們都帶著自己的制約和意識盡力而為，而且要愛他們。
- 第三室：體認到動物是美麗的靈在肉身之中，就跟你一樣，而且要愛牠們。
- 第四室：在這間密室裡，敞開心扉愛你的兄弟姊妹、堂表兄弟姊妹或親密的家人。主動地敞開，與他們保持連結。

- **第五室**：疼愛青少年時期的自己。少有青少年過得一帆風順，因此要寬恕自己在人生中這個時期發生的任何事情。
- **第六室**：帶著愛幫助和服務他人。假使你還沒有準備好這麼做，那麼當你準備就緒時，宇宙就會為你提供機會。
- **第七室**：要知足常樂，無論你是男性、女性或其他性別。要因你的真實本性而高興欣喜。
- **第八室**：當你戀愛時，你看見自己美麗的面向反映在對方身上。它們使你感覺惹人愛、美麗、特殊。要有意識地看見自己的那些部分而且好好疼愛那個你。
- **第九室**：體驗到讓別人快樂的喜悅。
- **第十室**：愛你的父母親，愛他們為了把你帶到這個階段所做的一切。承認他們的美好品質以及挑戰你進而使你成長的那些品質。
- **第十一室**：體驗帶著愛服務你自己的孩子或你可以影響的靈魂。
- **第十二室**：在這間密室裡，愛自己達到某個新的層次。
- **第十三室**：無論你是母親、父親或與某個寶寶緊密連結，這門功課都是關於愛那個靈魂。你可能會立即洋溢著愛，因為你正在向一位老朋友問好。不過，你也可能以前從不曾與這個靈魂連結過，所以並不熟悉。你甚至可能在另一世曾經與這個靈魂有過艱難的連結，而這可能會使你很難愛上對方。但是當你打開心扉這麼做的時候，就學會這間密室的功課。

- 第十四室：這裡的功課是關於深愛你的伴侶。你在另一次轉世中可能已經這麼做過，或是你可能跟曾經與你有過純愛關係的靈魂伴侶連結過。
- 第十五室：並不是每一個人都會立即為人父母，因此在這間密室裡，你的考驗是去熱愛學習為人父母。假使今生沒有機會，那麼幾乎肯定你在其他前世曾經為人父母。
- 第十六室：在此，你必須擴展你的高階心，讓那個孩子去愛其他人。
- 第十七室：感謝祖父母，體認到，無論現在或過去，他們屬於他們的時代，有他們自己的制約。
- 第十八室：將你的愛散布到家庭以外的地方，尤其如果你的家庭聯繫緊密。
- 第十九室：學會滋養自己，因為除非你懂得珍惜自己，否則無法真正滋養另一個人。
- 第二十室：我們全都是一體，而在那個一體性之內卻存有多樣性。在這間密室裡，你疼愛且欣賞你的孩子與其他孩子之間的差異。
- 第二十一室：由你照管的靈魂很寶貴，在此，你能夠信任你的孩子懂得與他人相處。
- 第二十二室：這裡的功課略有不同，你信任他人懂得與你的孩子相處。
- 第二十三室：當你與你的伴侶有了孩子，你們就成為三人一個單位，於是你們與社區的關係不一樣了。在這間密室裡，你重新建立自己在社區中的地位。

- 第二十四室：在此，你落實與伴侶和諧相處。
- 第二十五室：你照顧你的父母親。
- 第二十六室：你能夠給予家人（尤其你的孩子）的最大禮物是快樂。然後他們可以放輕鬆，也感覺到自由快樂。
- 第二十七室：隨著孩子成長，你必須學會放下韁繩，允許他們更加獨立自主。
- 第二十八室：在此，隨著年齡的增長，你必須接納自己。
- 第二十九室：愛你的真實本性。
- 第三十室：愛他人本來的樣子。
- 第三十一室：當你的孩子邁向成年時，你必須讓他們自由，他們才能夠獨立自主，過好他們自己的生活。
- 第三十二室：隨著父母親年紀增長，你必須讓他們自由，活出或度過他們想要的晚年。
- 第三十三室：最後一間密室是關於你的靈性成長，要讓自己做好準備，可以揚升到靈魂之星脈輪的最高階。

大天使馬利爾現在用祂輝煌的洋紅色光照耀你。

探索你的靈魂旅程

- 一座金色樓梯通向鑲滿鑽石的巨大門口。門敞開，通向一座美麗而奇妙的聖殿。
- 大天使馬利爾站在聖殿中央，手握一把金鑰匙。
- 祂把鑰匙遞給你，你接受了。
- 鑰匙打開一扇金門，門外蘊藏著你在漫長的靈魂旅程期間取得的天賦、知識、智慧。
- 你可以隨心所欲地探索它們，不限時間。
- 然後通向你的「星系門戶」的臺階出現，你開始攀登到另一個光輝燦爛的層級。

第35章
與「無限」和諧同調

在你的頭頂上方、在你張開的雙臂之外，有一只巨大的純金聖杯，那是你的「星系門戶」（Stellar Gateway），這個脈輪是由大天使麥達昶與奇妙的熾天使瑟若芬娜（Seraphim Seraphina）掌管。

星系門戶

星系門戶有十二間密室或十二片花瓣，每間密室都蘊藏一種揚升的品質：智慧、誠信、實力、勇氣、願景、和平、慈悲、平衡、合一、真理、愛、喜悅。當你徹底精通嫻熟所有這些品質的時候，你就可以與你的「單子」融合，「單子」是你的原始神性火花、你是誰的真實本質，內含你所有經驗的總和。這是終極的揚升，屬於七維揚升。這是「啟明大師」們在地球上達到的層級。

地球和宇宙的星系門戶脈輪

地球的星系門戶在北極，這地區已被冰提純淨化過，因此可以蘊藏這個脈輪需要的高頻能量。

宇宙的「星系門戶」是火星，它的已揚升面向叫做「奈潔雷」。火星是三維的，反映出萬古以來我們在地球上見識過的好戰能量。火星的已揚升部分保有精神領袖與和平締造者的頻率，擁有權威、力量、智慧，可以讓整個宇宙和平、知足地團結在一起。當這個宇宙變成五維時，火星／奈潔雷將會發揮其真正的力量並彰顯其真實的榮耀。

大天使麥達昶

金橙色的大天使麥達昶負責許多個人、地球、這個宇宙的揚升。祂的麥達昶立方體保有所有揚升的神聖幾何結構。

熾天使瑟若芬娜

有一百四十四位十二維的熾天使圍繞著「神格」吟唱創造之聲。祂們通常不與人類合作，而我們何其有幸，有熾天使瑟若芬娜與我們同修，祂主要擔任「銀河聯邦培訓學校」的校長。

通向更高揚升的道路

當你抵達從你的「靈魂之星」到你的「單子」再到「本源」的意識橋梁「安塔卡拉納」的時候，你就面臨抉擇。你可以邁向一或多條的更高揚升之路。目前許多有志者選擇綜合所有道途。所有這些道途最終將會使你能夠與你的「我是臨在」（I AM Presence）融合。沒有哪一條路徑勝過其他道途，它們只是不一樣。

藍寶石之路

走在藍寶石之路上，你與大天使麥可同修。你聚焦在誠信地溝通、更高階的知識、採取行動。大天使麥可為你提供祂的保護和力量，期待你帶著榮譽、真理、信任行事。

祖母綠之路

走在祖母綠之路上，你與大天使拉斐爾同修，祂照亮你的道路。這是療癒、豐盛意識、知識、智慧、終極開悟的道途。大天使拉斐爾幫助你從更高的視角看見一切。

紅寶石之路

大天使烏列爾是和平與智慧的天使，祂在紅寶石之路上指引你。祂幫助你培養自信與自我價值，期待你有智慧地行動、溝通，期待你散布和平。假使你準備就緒，祂鼓勵你承擔起銀河聯邦的責任。

彩虹之路

熾天使瑟若芬娜在彩虹之路上指引和幫助你，而你在內在層面就讀於她的銀河聯邦培訓學校。下一章將會更詳細地介紹這條路徑。

鑽石之路

這是聖潔、清明、喜悅的道途。大天使加百列影響你，使你找到達到這種純粹狀態的靈性紀律，而且啟發他人與你同行。

黃金之路

這是天使之路。在此，隨著你保持調頻對準天使界以及培養天使的品質，你與天使界同修且散發出金黃璀璨的能量。

意識橋梁安塔卡拉納

當你的靈魂之星脈輪完全敞開且十分活躍時，一座彩虹橋開始成形，從你的靈魂之星脈輪到達你的星系門戶脈輪，也就是你的「我是」（I AM）。

隨著你用愛、更高階的思想、靈性修煉修建這座意識橋梁安塔卡拉納，你的「單子」開始向下建造這座橋梁，與你相會。

以下舉例說明發生的事。你的「單子」、靈魂、你在地球上的人格就像一個大家庭。你的「單子」代表你的祖父母。子女長大後，旅行到世界各地，了解不同的國家，體驗不同的國家。起初他們保持通信，但是逐漸地，聯絡變得脆弱貧乏，不過從不曾完全消失。然後輪到孫子輩離家去探索這個星球。祖父母希望有一天，子女和孫子會回來，告訴他們所有探險經歷以及學到的東西。首先，孫子們回到父母身邊。就比喻而言，這發生在你的靈魂之星脈輪開啟且你接觸到你的所有靈魂能量的時候。然後你準備就緒，要踏上意識橋梁安塔卡拉納之路，返回祖父母的家。祖父母一知道你踏上回家之路，便出發沿路而下迎接你。當家人再次團聚時，就有一場盛大的慶祝活動。

無論你選擇哪一條路，或是如果你欣然接受所有道途，重點都在於，在從事靈性或服務工作之前，要先確保你的十二個脈輪開啟並旋轉，才能建造通向你的單子的意識橋梁安塔卡拉納。以下簡易練習使你為各個脈輪做好準備。

透過各個脈輪觀想

準備踏上意識橋梁安塔卡拉納

- 找到一個你可以安靜下來且不受干擾的地方，或許在你的神聖空間或你的祭壇旁邊。不過，也可以在森林裡或河畔或海邊或大自然中的任何地方邊散步邊做這個練習。
- 聚焦在你的地球之星脈輪，看見或感應到它正在旋轉且散發出明亮閃爍的銀色光芒。
- 看見或感應到你的海底輪正在旋轉且散發出閃爍的白金光。
- 看見或感應到你的本我輪正在旋轉且散發出輝煌超凡的粉紅光。
- 看見或感應到你的臍輪正在旋轉且散發出明亮光輝的橙色光。
- 看見或感應到你的太陽神經叢脈輪正在旋轉且散發出明亮的金色智慧之光。
- 看見或感應到你的心輪正在旋轉且散發出粉白色的愛的光束。
- 看見或感應到你的喉輪正在旋轉且散發出強而有力的寶藍色光。
- 看見或感應到你的眉心輪正在旋轉且散發出閃爍的水晶綠光。

- 看見或感應到你的頂輪正在旋轉且散發出水晶黃光。
- 看見或感應到你的因果輪正在旋轉且散發出柔和的月光白。
- 看見或感應到你的靈魂之星脈輪正在旋轉且散發出輝煌的洋紅色光。
- 在你的上方極遠處，看見或感應到你的星系門戶，好似一只奇妙的金橙色聖杯，它敞開來，越開越大。
- 看見或感應到你的脈輪柱逐漸變成一束統一的光場。
- 覺察到大天使麥達昶在你的右手邊，為你保有神聖男性。
- 大天使聖德芬在你的左手邊，為你保有神聖女性。
- 祂們像哨兵一樣站著，從地球的中心直達天界。
- 你處在神性的平衡之中。
- 從你的靈魂之星脈輪，一座彩虹光橋流淌而出，遠及你的視野所見。它是你的意識橋梁安塔卡拉納。
- 龍圍繞著它盤旋，保護它。
- 放輕鬆，舒舒服服地呼吸，知道隨著你敞開自己迎接你的意識橋梁安塔卡拉納，它自動地被建造起來。你正在開始建立通達你的「單子」的連結。

踏上你的意識橋梁安塔卡拉納

- 首先謙虛地詢問，你可以如何最好地提供服務。
- 在大天使聖德芬與麥達昶賜福予你之際，宇宙中有片刻的靜默。
- 從現在開始，你思考的每一個念頭以及說出的每一個字都必須指向你的「我是」。
- 你正在通過新的波長和維度，進入高出許多的頻率。
- 你與「無限」和諧同調。

第四部

更高階的揚升工具，
推動你進入黃金未來

第36章 療癒老舊編程

本書這一部分的技術十分強而有力，將會在短時間內把你提升至五維的上層，乃至進入六維。你的頻率越高，就越能將美好的事物吸引到你的人生中，增強你個人的揚升旅程，而且有助於帶來黃金未來的能量。

第一步是療癒老舊編程。你人生中的每一個人或情境都是因為你運用無意識的編程將之吸引過來。在你的靈魂旅程期間，你吸收了千千萬萬的信念和程式，所有這些積累起來，創造出你當前的環境、你的健康、你的身體。

你已編程在你的意識中的信念
創造出你的人生。

如果你對自己的人生不滿意，要記住你的本質跟神一樣。你的「高我」是愛，而你的

「單子」（你內在的神性）是十二維的光。你的信念是唯一使你無法活出輝煌、豐盛、健康、充滿愛的人生的因素。

你可以如何創造更美好的人生呢？

感恩

感恩是吸引美好事物的磁性能量。在我們的日常生活中，我們有數百次感恩的機會。然而，卻很容易以完全機械且毫無意義的方式說「請」和「謝謝」。

記得，當我的孩子要求某樣東西時，我對他們說：「要說哪個魔法字詞呢？」他們會自動地搬出：「請」或「謝謝」。那個字詞的效用相當於有限的鑰匙，用來獲得他們想要的東西；那個字詞並沒有解開我心中的鎖。但是每當其中某個孩子直率地向我詢問或因為某事感謝我的時候，我的心便會敞開回應，我會像愚公移山一樣提供他們想要的東西。

許多時候，「謝謝」已經變成了儀式。某人為你開門，於是你自動地回應「謝謝」。那只是一個詞，轉瞬間你就忘了，對方也一樣。它並沒有能量的衝擊。然而，當你衷心地說聲「謝謝」時，就發生能量的交流，彼此心中的一把火焰點燃。它在彼此的靈魂中留下一絲光亮。

當你感謝你的「單子」或宇宙時，情況更是如此。你的「單子」就像個人的太陽，為你帶來你往往認為理所當然的神性喜悅、溫暖、營養。當你改而心懷感恩時，你靈魂中的那絲光亮就可以變成數百萬絲光亮，形成巨大的感恩火焰。你的單子看見了，於是它向你靠近一步。

當你真誠地感恩時，
給你好處的人便自動地想要給你更多。
當你感謝宇宙或你的單子時，
它們也想要為你堆積豐盛。

我們可以感謝我們的單子照耀我們的人生，感謝它每天流經我們的能量，感謝我們細胞中的神性之光，感謝它帶給我們的喜悅和機會。

以下有一段建議採用的感恩祈禱。你的感恩祈禱可能會不一樣，因此請將祈禱文更改成適合自己。

親愛的單子，

我衷心感謝祢的光每天照亮我整個人，感謝祢使我的身體保持這樣運轉，用神性養分餵養我的細胞，感謝祢用開悟的雙眼幫助我看見的一切。

感謝祢教導我了解動物、鳥類、大自然王國。

感謝祢不斷堅定不移的臨在。

我欣喜地接受祢的禮物和療癒。

道歉

「對不起」是另一個具儀式性或發自內心的詞。我記得我女兒跟我看過前來喝茶的一個孩子。當時母親和小女孩站在門口道別，而母親對小女孩說：「現在，你要說什麼呢？」小女孩茫然了片刻，然後她滿懷希望地回答說：「對不起喔！」

當你撞到某人時，漫不經心地咕噥、無意識地說聲「對不起」，與發自內心地說出「真對不起」，兩者之間有很大的差異。如果人們真心實意地道歉，那麼許多訴訟就沒有必要了。

發自內心說出的任何話語可以消融障礙，降低人們的防禦力。

真心實意地說出「對不起」也可以消融掉在你整個靈魂旅程期間積累且卡住的能量。

為你曾經做過的所有低階選擇向你的單子真心誠意地說聲「對不起」，這使你的神性自我能夠擁抱你。

荷歐波諾波諾

赫密士是亞特蘭提斯的大祭司之一，在亞特蘭提斯隕落之後，祂帶著祂的部族來到夏威夷，在那裡，他們成為「卡胡納」（kahuna）。他們隨身攜帶的強大療癒祈禱之一，是「荷歐波諾波諾」（Ho'oponopono）祈禱文：

對不起。請原諒我。謝謝你。我愛你。

荷歐波諾波諾的簡樸就是它的力量。你道歉，請求原諒，表達感恩，然後表達愛。

它根據兩個原理運作：

- 你理解我們全是一體。
- 你接受你對自己人生中的一切全權負責。

你運用這則祈禱對你的「單子」說話：

- 你正在與神性的你說話，而神性可以蛻變老舊程式。
- 你正在向你的「單子」道歉，因為仍然持有阻礙你進步的信念。
- 你正在請求寬恕。在你請求寬恕的過程中，你也在請求神性消融那個障礙。
- 你正在感謝你的「單子」盡可能地多多蛻變那個編程。
- 然後你正在發送愛給你的「單子」。

假使你有一整串關於某個主題的信念，你可能需要說許多遍這樣的話。

以下是幾則例子。

關係

朋友抱怨她的孩子、伴侶或同事。那個朋友是你的一部分，因為你們是一體的。你可能會體認到，你有時候也對你的孩子、伴侶或同事感到挫敗。什麼信念導致這種情況呢？它可能是關於不被承認、不被讚賞或不被疼愛或其他諸如此類的信念。或者你可能不明白為什麼你感到挫敗。

要對你的「單子」說：

對不起（抱歉緊握不放製造了這個情境的信念）。

請原諒我（而且請消融掉因此製造的障礙）。

謝謝你（感謝你蛻變這個信念）。

我愛你（而且我知道這幫助我與你契合相映）。

評斷

你沿路而下。你看見某人以某種方式行事，於是升起某個評斷的念頭。但是那人是你的一部分啊！你正在評斷你的神性本質。於是評斷的念頭使我們與一體性分離。

要對你的「單子」說：

對不起（抱歉緊握不放這個評斷的信念）。

請原諒我（而且請消融掉因此製造的障礙）。

謝謝你（感謝你蛻變這個信念）。

我愛你（而且我知道這照亮我的神性自我）。

電視與社交媒體

電視與社交媒體十分善於喚起我們全體內在的東西。你看見令人厭惡的東西，於是恐懼或憤怒的念頭升起。情緒源自於信念。那是什麼信念呢？

要對你的「單子」說：

對不起（抱歉緊握不放製造了這份感覺的信念）。

請原諒我（而且請消融掉因此製造的障礙）。

謝謝你（感謝你蛻變這個信念）。

我愛你（但願我可以承認這點）。

自我批判

多數人都在自我貶抑中成長。但是如果你逮到自己想著，我很蠢，或，我很胖，或，我一定會失敗，或，我肯定感冒了，或一百萬個其他事物，要停下來啊！

「紫羅蘭火焰」非常適合用來取消聲明。你可以邊使用「紫羅蘭火焰」邊說這些話：「取消吧，紫羅蘭火焰」，但是接下來要對你的「單子」說：

對不起（抱歉緊緊抓住這個負面編程）。
請原諒我（而且請消融掉因此製造的障礙）。
謝謝你（感謝你消融並治癒它）。
我愛你（但願我可以承認這點）。

疼痛或疾病

這主要來自於阻礙你揚升的個人或祖先信念。即使你不知道信念是什麼或它們來自哪裡，也無關緊要。要說出或想著：

對不起，請原諒我。謝謝你。我愛你。

說出某樣東西比思想更深一層。最近幾天，我聽見人們大聲說出以下這些話以及許多其他分離聲明：

- 「我永遠不屬於這裡，因為我是外國人。」
- 「我希望她沒來參加這次聚會。」
- 「我希望他們會走開。」
- 「所有政治人物都很腐敗。」

因為我們是一體的，我聽過這些話的事實，意謂著這些情感遺失在我意識深處的某個地方，於是我一直說著「荷歐波諾波諾」。

荷歐波諾波諾的力量
蛻變你不想要的編程，
使你返回到合一與大師層級。

改變你的老舊編程

- 找到一個你可以安靜下來且不受干擾的地方。
- 閉上眼睛，舒舒服服地呼吸。
- 在內心裡告訴宇宙，你現在已經準備就緒，要消融掉過時的老舊編程。
- 請求接收更高階的光碼，用肯定生命的全新光碼取代老舊光碼。
- 請求大天使麥達昶將你安置在祂金橙色光的九維揚升氣泡之中。
- 花時間好好吸收那股能量。
- 請求大天使加百列將祂微光閃爍、洋溢著喜悅與神性之愛的白色宇宙鑽石安置在你的上方。
- 感應到它正在蛻變老舊編程且用更高階的新頻率填滿你。
- 召請七維的基督金色光束。
- 感應到它正在消融老舊制約，用洋溢著智慧與愛的密碼的金白色光包圍住你。
- 想像你心平氣和，發送出無害的思想。
- 一件隱形斗篷被披在你身上。無論你在什麼地方，都安全無虞。
- 當你吸收了這些更高階的光碼時，請睜開眼睛。

第37章

你的天使本質以及如何保護它？

在本章中，我將會分享某些技巧，使你能夠加速頻率，進入更高的揚升，而且這將會使你做好準備，迎接黃金未來。

你的天使本質

當你的原始神性火花離開「本源」時，天使的能量被安置在你的本質中，而且現在還在你之內。這意謂著，當你準備就緒的時候，就可以與你的七維天使自我融合。然後，隨著啟動你的七維面向，你便自然而然地吸引奇妙的事物。

不過，你的明光也引來低階頻率，那些頻率想要竊取或消滅你的能量，因此你需要特別保護你的能量場。

如果你動用七維能量，
就需要七維的保護。

我在下方建議某些形式的保護。不同的保護形式為不同的人們運作。無論你信任和相信什麼（基於你在靈魂旅程上有過的個人體驗），那類保護形式都會為你運作。要花時間嘗試不同的保護形式並注意它們帶給你什麼感受。你也可以運用它們保護你的住家或工作場所的能量。

七維的保護

來自中空地球的紅光和金光

中空地球是七維的，在此，你可以擷取蘊含能量和智慧的紅光和金光，它們宏偉莊嚴且具保護作用。

- 從中空地球汲取紅色和金色能量。
- 允許這散布到你的整個氣場，在你的能量場周圍增添一層七維的保護和智慧。這將使你能夠扎根於來自宇宙的七維能量。它將會保護你完全免於任何低階振動的影響。

• 你也可以觀想來自中空地球的這類紅光和金光圍繞著地球，保護地球。你甚至可以將它向外發送到宇宙中。

當你可以真正應對這類高頻能量時，紅光將會轉變成藍光。屆時，藍光將會吸引這個世界的痛苦並療癒它。假使你的氣場中攜帶這類藍光，你將會成為世界上的療癒師之一。

大天使麥達昶的保護

在我們接近黃金未來之際，有許多新的高頻能量進來。這些難以置信的光能感覺起來將會與你已經習慣的光能截然不同。因此，你需要特殊的保護，直到習慣了這些新的高頻能量為止。

你可以召請大天使麥達昶金橙色光的九維揚升氣泡。這幫助你吸收新的高頻能量及其更高階的光碼。它也會保護你免於當前地球上三維振動的影響。

若要擷取這點，請直接請求大天使麥達昶將祂的金橙色氣泡安置在你與你的能量場周圍。

大天使加百列的宇宙鑽石

大天使加百列的鑽石在許多頻率層級上運作。

如果你祈請祂的七維宇宙鑽石且真正感覺到它包圍住你的能量場，你將會得到強而有力的保護。它也會提升你的振動。

宇宙鑽石使低階存有或能量彈離它，沒有任何東西可以穿透它的聖潔。當它包圍住你的時候，它淨化你的氣場並蛻變任何卡住且準備要被釋放的能量。鑽石內的刻面明亮起來，增強你個人的特殊天賦。不過，這顆宇宙鑽石的作用遠不止於保護你和蛻變低階能量，因為它還點燃你內在的喜悅和神性之愛。

七維的基督金色光束

假使你在前世或今生曾經與耶穌或基督能量合作過，這股金白色的保護將會特別有效。

單純地祈請七維的基督金色光束，允許它貼在你周圍形成一圈金白色光球。光球內的智慧和愛消融掉低階能量，在你周圍形成一圈保護罩。

無害之球

最大的保護是無害。當你真正無害時，你就安全無虞。沒有人或動物感覺受到威脅，於是他們（或牠們）放鬆防禦，從你身旁走過。沒有昆蟲會螫你，倒鈎或刺針也刺不到你。戰士吸引攻擊，但是如果你完全無害，你就可以穿越戰場。這是非常進階的保護。若要使用它，請留神觀察你的念頭和態度。你的念頭和情緒越無害，你就會越安全。

無害也意謂著隱形。若要穿上隱形斗篷，你必須無害且與周遭事物完全和諧同調。

觀想 37

保護你的天使本質

- 找到一個可以安靜下來且不受干擾的地方。
- 花點時間深呼吸，放輕鬆。
- 聚焦在你的內心深處，觀想你的天使之光的金色核心。
- 召請來自中空地球的紅光和金光。
- 留神觀看宏偉莊嚴的能量升起，包圍住你的氣場。

- 召請大天使麥達昶的金橙色九維揚升氣泡。
- 看見或感應到這在你周圍形成另一層保護。
- 召請宇宙鑽石，用它閃耀的光圈住你已經擴展的氣場。
- 感應到它蛻變著低階能量，然後感覺到你的心被喜悅和神性之愛觸動。
- 召請七維基督之光的金白色光球。
- 一顆純愛與保護的巨大光球罩住其他形式的保護。
- 現在聚焦在你的天使中心，其中包括天使之光、和平、無害。
- 肯定地表明你的念頭、言語、行為對所有生物完全無害。
- 知道只要達到真正完全無害的程度，你就得到隱形斗篷的保護。
- 安靜地坐著，感應哪種形式的保護對你來說最有效。

第38章 強大的「我是」

在為新的黃金時代預作準備期間，巨大的光波和能量波正在進入地球。這逐漸喚醒更多的人們，帶領許多人達到更高的頻率，勝過亞特蘭提斯黃金時期以來存在的頻率。

你一直在接受來自你的靈魂的指示。現在時候到了，該要與你的「單子」或「我是」（I AM）燦爛不可言喻的光連結，那是你來自「本源」的原始神性火花，也是等於你的真實本質的巨大熾熱火焰。

你的神性大師藍圖

你的「我是」是你的神性大師藍圖。它是你的神性計畫，你的既定設計。

這裡有個比喻。想像一下，你（你的人格自我）在一塊土地上建造了一棟小房子，而且逐漸地，隨著你朝著你的靈魂進化，你延伸且擴展了你的靈魂。但是建築師的原始計畫

（亦即你的「單子」的設計或願景）是建造一座巨大而宏偉的宅第，光芒四射，滿是你內心渴望的一切。這份原始藍圖始終在那裡等待著，但是現在，你準備就緒了！是的，就是現在喔！

大天使麥達昶現在正在為你預作準備，要你接受你的神性大師藍圖。當你接受你的神性大師藍圖時，你的人生就蛻變轉化。你是你自己的權威。你清楚地知道你的人生目的是什麼。隨著每一次呼吸和每一個念頭，你都在雕刻你所選擇的人生。

「我是」單子

這裡有一種擷取你的本質（你奇妙而宏偉的自我）之光的強大方法。它來自迪瓦爾·庫爾（Djwhal Khul），透過愛麗絲·貝利（Alice Bailey）傳達。你可能早已熟知。

請閉上眼睛，說道：

「我是」單子。

「我是」神性之光。

「我是」愛。

「我是」意志。
「我是」既定的設計。

「我是」肯定語句或聖諭十分強而有力。它們來自你的某個部分，那是純淨、燦爛、耀眼的白光——你的天使部分，你的原始神性火花。

以下是對上述聖諭（decree）的解釋：

- 「『我是』單子」是「神與我一體」（God and I are one）或「我是神性存在」（I AM that I AM）的另一種說法。它肯定地表明，你與你的「單子」完全融合。你接受你的奇妙靈性傳承。
- 「『我是』神性之光」如實地表明，你與你的神性之光契合相映。這不是六十瓦燈泡。你的神性之光的頻率超出原子。它是你的電子自我、你的本質，就這點而言，你是靈性物質。
- 「『我是』愛」。本源之愛蘊藏在你的真實靈性本質的光之中。
- 「『我是』意志」意謂著，你交出你的自由意志，與神的旨意融合。
- 「『我是』既定的設計」肯定地表示，你現在完全接受且活出，當你的原始火花或單子被創造出來時，「本源」賜予你的神性藍圖。在此之前，你的單子似乎在你之外，相隔一段距離，要踏上一段階梯，而且遙不可及。最後，你準備就緒，要與你的真實核心連結。你的內在是知識、智慧、愛的源泉，而且你越是與你的神性本質溝通，就會越快地注意到你生命中的結果。

「我是」白光

某些讀者可能知道，二十多年前，我創立了黛安娜．庫珀學校（Diana Cooper School），這是個非營利組織，旨在培訓世界各地的靈性老師。

一天，在靜心冥想時，我意外地發現自己被推到了「淨光兄弟會」的靜修區。在這裡，大師們告訴我，我們的學校是「白色兄弟會」的一支。卡特里派、艾賽尼派、玫瑰十字會、聖殿騎士團（Knights Templar）、德魯伊（Druids）等神聖組織全都屬於白色兄弟會。在這次靜心冥想以及如此難以置信的確認之後不久，我們將學校的名稱改為黛安娜．庫珀白光學校（Diana Cooper School of White Light），目的在承認這份特殊的連結。

我開始一天說兩次下述聖諭，而且如實地感覺到，我的氣場中的白光增強，我的頻率飛快地上升：

親愛的「我是臨在」，
讓你閃耀純淨的白光穿透我。
蛻變所有低階頻率
以及它們的因與果、
過去、現在、未來，
而且用神性之愛、靈魂的圓滿俱足
取代它們。
所願如是。

當我這麼說同時站著觀想明亮耀眼的白光傾瀉而下穿透我的時候，發現它最為強而有力。我讓白光流動一分鐘，而且時常看見周圍有具保護作用的金色基督之光。然後我可以將這股能量散發出去。

你可以為自己使用這股能量，或將它改編成可以囊括你的家庭、團體或組織的成員。我們將它改編成適合黛安娜·庫珀學校，可以包含所有白光學校的教師。它幫助我們全體保持在熾熱的白色火焰內，使我們全都能夠將高頻能量散發到這個世界。世界有越多的白光，越好。

你的白光越純淨、越耀眼，你的創造力就越強。當創造力蘊藏在純淨、燦爛、耀眼的白色神性之光中的時候，它十分確實。當你放輕鬆且以光為中心的時候，你的念頭便立即顯化。所以，當你揚升到可以生活在你的「我是」之內的時候，你就有責任操控和指揮你的念頭。你還必須從你熾熱的高維之心誠信正直地創造。

偉大的「啟明大師」全然活在祂們神性的電子身體之內，祂們屬於最美好的空靈物質。祂們散發光束。祂們接受自己的神性權利，可以擁有健康、財富、愛、成功、許許多多的內心渴望。當然，等到祂們抵達這個層級，祂們的心願始終是神的旨意。沒有分裂。祂們自動地運用自己的念頭創造神性的可能性，當你與你的天使自我融合時，也會自動地完成諸如此類的事。

我將要分享三個威力特別強大的「我是」聖諭，可以加速你的更高揚升。當你與某人一起制定「我是」聖諭時，你的「單子」便與那個存有的光融合，於是神性的煉金術發生。我將會解釋每一道聖諭召來的能量。

「我是」維納斯女士

這個「我是」聖諭將你的單子與維納斯女士（Lady Venus）完全融合，維納斯女士是亞特蘭提斯的高階女祭司，後來成為愛的女神。因為她曾經投生在地球上，所以非常了解人類的愛以及整體人類的愛和宇宙的愛。

「我是」維納斯女士。

「我是」愛的女神。

「我是」友誼之手。

「我是」慈悲的低語。

「我是」療癒的觸碰。

「我是」統一的鑰匙。

讓我解釋一下這到底是什麼意思。

- 「『我是』維納斯女士」是呼喚你的單子，要將它的光與維納斯女士的光結合在一起。
- 「『我是』愛的女神」尤其召喚你的單子與無條件的愛的最高階女神面向融合。
- 「『我是』友誼之手。」你的手是你的心輪的延伸，可以伸出去，幫助他人。當你下令「『我是』友誼之手」的時候，它使你調頻對準敦親睦鄰與五維社群最真實的能量。
- 「『我是』慈悲的低語」是你的肯定語句，表示你的心現在處於沒有親身參與卻回應人類召喚的波長上。

•「『我是』療癒的觸碰」。這使你調頻對準維納斯女士的療癒之心，而且透過她對準「宇宙之心」。它邀請神性之愛和療癒流入你，透過你觸動他人。

•「『我是』統一的鑰匙。」由於這句聲明，你校正自己，與促使這個星球保持一體的人們契合相映。

每當我說「我是」的時候，都可以感覺到它振動著穿透我，而我希望它也觸動你！

「我是」庫彌卡大師

庫彌卡大師（Lord Kumeka）是我的指導靈，也是我的雙生火焰。祂從未投生轉世，所以我們注定不會以肉身相遇。祂從另外一個宇宙逐步下降，與大天使麥達昶一起監督亞特蘭提斯黃金時期的建立。現在，祂以「第八道光大師」的身分回來服務我們的星球，為人類帶來蛻變、純淨、啟蒙。祂在奇妙清澈的拓帕石（Topaz）藍色光束上運作。

如果你與庫彌卡大師起共鳴，這裡有一段給你的「我是」聖諭：

「我是」庫彌卡，光之主。
「我是」非常明亮的拓帕石光束。
「我是」安詳知足。
「我是」啟蒙。
「我是」我內在的太陽。
「我是」一切，而且我們是一體的。

解釋如下：

- 「『我是』庫彌卡，光之主」肯定地表明，你的單子現在與庫彌卡及其令人驚歎的品質融合。
- 「『我是』非常明亮的拓帕石光束。」這句話證實，代表「清明與啟蒙」的拓帕石藍色光束正在與你的細胞融合。
- 「『我是』安詳知足。」只有當你完全被淨化了，才能體驗到神性的安詳與滿足。安詳知足是一種難以置信的神性狀態。
- 「『我是』啟蒙」。你現在從神性的視角看見一切。
- 「『我是』我內在的太陽。」你內在的太陽是你的神聖男性之光，它帶來深度的內在幸福以及啟動你的潛能的能力。

- 「『我是』一切，而且我們是一體的。」這句話是合一的聖諭，也是神性的最高表達。

「我是」伏斯盧大師

伏斯盧大師（Lord Vooslоo）是投生在亞特蘭提斯時期頻率最高的大祭司。祂投生時帶著促使亞特蘭提斯社會跳躍轉換進入非凡黃金時期的鑰匙和密碼。在那之前許久，祂促使「姆」（「列穆尼亞」之前的文明）的存有們能夠跳躍轉換，進入黃金時代。

祂目前以「第九道光大師」的身分重返這個宇宙，幫助我們進行雙維躍升，進入下一個黃金時代。祂的光是美麗的水晶黃。當你與祂的能量融合時，祂幫助你完成個人的跳躍轉換，進入揚升。

「我是」伏斯盧大師。
「我是」太陽之外的太陽。
「我是」光的使者。
「我是」和諧大師。

「我是」意識的跳躍轉換。
「我是」新的黃金時代。

解釋如下：

- 「『我是』伏斯盧大師」召喚你的單子與伏斯盧的啟明之光完全融合。
- 「『我是』太陽之外的太陽。」這個肯定語句使你透過太陽與赫利俄斯相映契合，那裡的光內含創造這個宇宙的高階資訊和知識。它啟動這個宇宙的神聖男性能量，那是促使事情發生的能量，具保護性、活躍主動。
- 「『我是』光的使者」允許你與在赫利俄斯中創造的光連結，而且將其帶入你的整個能量系統。
- 「『我是』和諧大師」使你的身體的細胞與宇宙的和諧相映契合。
- 「『我是』意識的跳躍轉換。」你現在命令在你之內點燃將會帶你去到更高揚升的鑰匙和密碼。
- 「『我是』新的黃金時代。」你校正自己，使你完全契合新黃金時代的藍圖。

獨角獸

數以百萬計被譽為「純淨之最」的獨角獸現在正在返回地球，幫助我們揚升進入黃金未來。這裡有一道「我是」聖諭，幫助你與祂們純淨而奇妙的光契合相映：

「我是」鑽石白的獨角獸。
「我是」最真實的內在視界。
「我是」純淨之最。
「我是」超然的愛，十分肯定。
「我是」啟蒙。
「我是」天堂派來的。

含義如下：

- 「『我是』鑽石白的獨角獸」肯定地表明，鑽石白的獨角獸光在你的單子之內，而且你正在運用你的聖諭啟動它。
- 「『我是』最真實的內在視界」增強你安靜而堅定的信心，使你看見一切之內的神性。

- 「『我是』純淨之最」使你的能量與獨角獸王國契合相映。
- 「『我是』超然的愛，十分肯定」，召喚在你的「我是」之內的超然的愛傾注到你的靈魂之中。
- 「『我是』啟蒙」肯定地表明，你現在從神性的視角看見一切。
- 「『我是』天堂派來的」接受你在地球上有一項任務待完成，而且由於獨角獸的幫助，你得到指引，可以完成那項任務。

觀想 38

邁向你的「單子」

- 舒舒服服地坐在一個安靜、安全的地方。
- 看見你自己從你的住處出發，走上一座山。
- 你正走向山頂一座豪華的宅邸。
- 它閃耀著光芒，這鼓勵你繼續朝它走去。
- 最後，你抵達門口，敲門，想進去。
- 一個散發著純淨白光的存有打開門。

- 你被愛與和平包圍住。
- 你獲准進門一會兒，於是你踏進大廳。
- 你被保護在純淨、燦爛、耀眼的白色神性之光中。
- 然後你發現自己回到了起點。
- 安靜地唱頌：「我是神性存在。」

第39章 六維與七維脈輪的「柔粉彩虹呼吸」

在本章中，我會解釋大天使麥達昶如何與我溝通，探討如何透過麥達昶立方體的神聖幾何結構帶來光，重新構建我們的DNA。下一章會更詳細地介紹這點。祂要求我開始使用「柔粉彩虹呼吸」（Pastel Rainbow Breath）讓肉身體為這次能量的轉達預作準備。目前透過我們帶來的「柔粉彩虹呼吸」頻率是六維脈輪的頻率。

六維脈輪

地球上的頻率已經上升了許多，因此我們現在可以引進六維脈輪，儘管並不是永久地引進。令人興奮的消息是，當六維脈輪柱下降進入我們的肉身體時，即使只是持續片刻，我們也可以與我們的「我是臨在」連結。

六維脈輪的色彩

這些脈輪的高頻色彩是淺淡、閃爍、半透明。以下是我得到的色彩，它們會隨著人類的轉換而改變。假使你看見或感應到不同的色彩，請遵循你的直覺並採用適合你的色彩。

- **星系門戶脈輪**：銀色閃爍著，穿透空靈的金橙色
- **靈魂之星脈輪**：銀色閃爍著，穿透空靈的洋紅色
- **因果輪**：銀色閃爍著，穿透空靈的鑽石白
- **頂輪**：銀色閃爍著，穿透空靈的水晶黃
- **眉心輪**：銀色閃爍著，穿透空靈的水晶綠
- **喉輪**：銀色閃爍著，穿透空靈的丁香紫
- **心輪**：銀色閃爍著，穿透空靈的白色
- **太陽神經叢脈輪**：銀色閃爍著，穿透空靈的金色
- **臍輪**：銀色閃爍著，穿透空靈的桃紅色
- **本我輪**：銀色閃爍著，穿透空靈的玫瑰色
- **海底輪**：銀色閃爍著，穿透空靈的白金色
- **地球之星脈輪**：淺淡半透明的空靈銀色

七維脈輪

當你準備就緒，要將七維脈輪帶下來的時候，即使只是持續一瞬間，你與你的單子的連結也會變得牢固許多。

七維脈輪的色彩

在這些脈輪中，金光閃爍著，穿透空靈的水晶色：

- **星系門戶脈輪**：金光閃爍著，穿透淺淡的水晶金橙色
- **靈魂之星脈輪**：金光閃爍著，穿透淺淡的水晶洋紅色
- **因果輪**：金光閃爍著，穿透淺淡的水晶鑽石白
- **頂輪**：金光閃爍著，穿透淺淡的水晶黃
- **眉心輪**：金光閃爍著，穿透淺淡的水晶綠
- **喉輪**：金光閃爍著，穿透淺淡的水晶丁香紫
- **心輪**：金光閃爍著，穿透淺淡的水晶白色
- **太陽神經叢脈輪**：金光閃爍著，穿透淺淡的水晶金色

- 臍輪：金光閃爍著，穿透淺淡的水晶桃紅色
- 本我輪：金光閃爍著，穿透淺淡的水晶玫瑰色
- 海底輪：金光閃爍著，穿透淺淡的水晶白金色
- 地球之星脈輪：金光閃爍著，穿透淺淡的水晶銀色

柔粉彩虹呼吸

大天使麥達昶告訴我，這是亞特蘭提斯黃金時期的人們何以能夠放鬆到細胞層次的方法之一。六維或七維的彩虹色彩極其高頻，因此它們可以進入細胞，觸及細胞內的電子，也就是在每一個原子內的原子核上方飛行的神性能量，而且亞特蘭提斯黃金時期的人們可以將這些彩虹色吸進自己身體的每一個部位。

現在，當你做這個練習時，你的六維脈輪柱就可以向下滑落到你的身體內。

以下是我採用的呼吸法。而且再次強調，假使你感應到或看見不同的色彩，請好好運用它們，因為那是適合你的色彩。假使你想要以不同的方式完成這個練習，請遵照你的直覺的指引。

準備工作

- 找到一個你可以舒舒服服且不被干擾的地方。
- 把你的空間準備好，點燃一根蠟燭、啟動一顆水晶、用高頻噴霧或以你想要的任何其他方式噴灑室內。
- 坐下來或躺下來，讓自己扎根接地，把自己保護好。
- 召請大天使麥達昶和獨角獸們前來照耀你。

柔粉彩虹呼吸

- 舒舒服服地呼吸。
- 在連續呼氣時，要送出以下色彩（假使你看不見這些色彩，只需好好想像即可）：

淺淡、空靈的粉紅色，有銀光閃爍著穿透它，進入你右腳的大腳趾

淺淡、空靈的黃色，有銀光閃爍著穿透它，進入你右腳的第二趾

淺淡、空靈的桃紅色，有銀光閃爍著穿透它，進入你右腳的第三趾

柔和、空靈的綠色，有銀光閃爍著穿透它，進入你右腳的第四趾
淺淡、空靈的藍色，有銀光閃爍著穿透它，進入你右腳的小腳趾
柔和、空靈的銀光，穿透你右腳的每個部位
淺淡、空靈的金色，有銀光閃爍著穿透它，遍及你的整個右腳踝
淺淡、空靈的丁香紫，有銀光閃爍著穿透它，下達你的右腿

• 換左腿重複上述步驟。
• 換右手臂重複上述步驟，深入手指頭，然後換左手臂重複上述步驟。
• 吸入那些色彩，下達你的背部，允許你的脊椎臣服於它們。
• 以感覺適合你的方式，將那些色彩吸過來罩住你的頭部和咽喉區，或吸入你的頭部和咽喉區。
• 以感覺適合你的方式，將那些色彩吸過來罩住你的身體或進入任何器官之中。
• 提醒自己，你正逐漸放鬆至細胞層次，於是你的各股DNA可以放輕鬆並重新連結。

當你感覺自己準備就緒時，不妨操練七維脈輪的金光，讓它們可以進入你的身體一會兒。在亞特蘭提斯的黃金時期，即使是大祭司和高階女祭司在這方面也只能做到一瞬間。

但是隨著我們接近新的黃金時代，準備就緒的人們可以做好準備，運用「金色彩虹呼吸」（Golden Rainbow Breath）引進七維脈輪柱。

觀想 39

觀想彩虹光

- 假使你願意，可以邊散步邊做這個觀想。
- 決定你是否想要運用你的六維或七維脈輪色彩進行這個觀想。你可能需要把它們寫下來以供參考。
- 觀想六維或七維脈輪色彩流經你全身，一次觀想一種。
- 你現在有六維或七維彩虹在你周圍流動。
- 想像你在戶外，在大自然中散步。
- 你的彩虹氣場正在與樹木和花朵、動物和昆蟲交流互動。
- 好好注意發生什麼事以及這麼做感覺如何。
- 現在你正走過一座城鎮。
- 你的彩虹氣場正在與人們交流互動。
- 好好注意發生什麼事以及這麼做感覺如何。

第40章

麥達昶立方體

有一天，我半睡半醒地坐在沙發上，陽光傾瀉在身上，大天使麥達昶拿了一個麥達昶立方體放在我的氣場中，而且開始轉動它。祂透過那個麥達昶立方體發光。那之後持續幾天，我醒來時都會發現那個立方體在我周圍轉動。感覺相當神奇，而且我知道重要的工作正在針對我運作。

麥達昶立方體

麥達昶立方體是一項幾何工具，內含這個宇宙的所有神聖幾何結構。它由十二個圓圍繞一個中心圓構成，而且每一個圓的中心點相連。

麥達昶立方體在許多層面運作。在某一層面，它代表「本源」，被十二個宇宙包圍。在另一個層面，它顯示我們的脈輪與自己高我的連結性。然而在另一個層面，它是這個宇宙的麥達昶立方體，顯示我們的脈輪與四個揚升行星和星座（獵戶座、天狼星、昴宿星團、海王星）連結。每當你看著麥達昶立方體的時候，就有某樣東西為你校正對齊了。

大天使麥達昶表示，當麥達昶立方體被安置在你的頭頂上方時，祂可以將祂的光透過那個立方體傾注，啟動你需要的幾何結構，開始為新的黃金時代重新構建你的DNA。當你引進你的六維脈輪時，祂可以拿著這個威力強大的幾何符號在每一個脈輪上方，以便將你個人的神聖幾何圖案結構疊加上去。天使、龍、獨角獸們將會協助這事完成。

當麥達昶立方體逆時針旋轉時，它將卡住的老舊能量從脈輪內的密室中拉

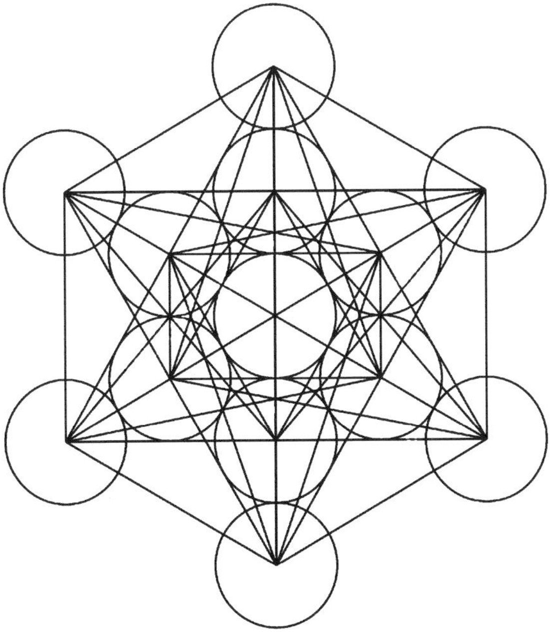

出去，而當它順時針旋轉時，高頻光便透過它注入脈輪。

DNA以及為什麼這點，現在很重要

身體中每一個細胞的核心都有一個細胞核。細胞核內是DNA，形狀像雙螺旋體或兩股稍微扭曲的珠鏈。在每一個雙螺旋體之中有六十四個「密碼子」（codon）或珠子，這些下達指令，指示你的身體運作。它們也包含你的毛髮、肌膚、眼睛顏色的密碼，以及遺傳性疾病或容易罹患特定的疾病。你身體內的每一個細胞，都內含你整個身體的遺傳密碼。

> 這些密碼莫基於出生前
> 做出的靈性決定。

體質是由靈魂選擇的，但是沒有必然的結果。你的念頭和情緒、你吃下的食物、你的生活方式、你的信念，全都大大影響著你的DNA。

當你生氣、受傷、壓力大或放任情緒低落時，一股股的DNA便收緊，珠子不再相互連結。於是你像一臺沒有正確收訊的電視機。所以，當你緊張時，你無法清楚地調頻聆聽來自你的靈魂或單子的訊息。

在亞特蘭提斯隕落時，六十四個密碼中有四十四個斷離了。四十四是亞特蘭提斯黃金時期的振動，代表從我們身上被取走的通靈和靈性能力。

為了讓你的十二股DNA重新連結好並再次開啟，你需要深度地放鬆以及用愛提升你的頻率。當你放鬆和滿足時，密碼便相互接觸，這意謂著，你調頻對準你的神性潛能以及來自最高階的指引。你可以擷取你的靈魂天賦。這一切將會自動地發生。時間就是現在。

當你從你的「單子」或「我是」採取行動而且完全掌控你的思維過程時，就可以指揮你細胞內的神性智力。因為與你的天使自我和諧同調，你便有力量讓任何事情發生。你可以修通你的原子體到你的電子神性體。這是偉大的啟明大師們做的事，也是祂們的力量源泉。

你內在的母父神

我記得庫彌卡許多年前對我說過，人們認為是「神」（God）的存有，事實上是他們自己的「單子」。祂說，在人類的肉身之中，沒有人有辦法了解自己的單子源自於真實、「極其明亮的創造本源」（Ineffable Illumined Source of Creation），所以他們將自己的「我是」轉譯成外來的神格。這完全可以理解。因為你的單子屬於十二維，而且與「一切萬有的本源」完全和諧一致，它將它的光逐步下降到你（它親愛的孩子）可以接受的程度，將你準備好要接收的一切提供給你。

你的「我是」是你內在
睿智的全知及十分慈愛的母親父親。
它是你的力量和智慧的來源。
它是完全平衡的男性和女性能量。

一旦你與內在的「我是」結合，就擁有完美滋養和指引的源泉。無須向外尋找指令和意見。

稍早，我討論過創造睿智、全能、全知、十分慈愛、慈悲、善於支持、懂得珍惜內在父母的重要性和力量。不要將它們局限在你理想中的五維指導靈，而是要將它們擴展成為你所能想像最美麗的愛和光。即便如此，還是不足以真正理解你內在的「母父神」（Mother Father God）是多麼的非凡而宏偉。

為了更常與你的神性天使父母連結，要好好與它們溝通交流。請求得到它們的指引並深情地聆聽它們的意見。要與它們交談。分享你的問題，讓它們幫助你凌駕於那些世俗的擔憂。它們握有完美的結果，而且將會以此啟迪你，讓你做出完美的決定。你越常這麼做，就會越快接收到它們的回應，直到你的決定全都完美無缺為止。

你的神性內在父母不僅知道在你的宇宙中發生的每一件事，也明白在你的人格自我內發生的每一件事。它們完全覺知到，為了與它們連結，你已經戰勝你的小我到什麼程度。它們看見你已經面對的恐懼、你已經嫻熟掌握的情緒、你已經征服的低階自我。它們愛你且以你為榮。它們知道，你該怎麼做才能帶來最佳的結果。

要時時刻刻感激它們。不斷地感謝它們的存在以及它們提供給你的一切。神性的內在父母在某些方面就跟完美的人類父母一樣。當孩子快樂、歡喜地感恩自己得到的一切時，父母就想要付出更多。滿心歡喜的感恩吸引越來越多的祝福，這是宇宙的律法。

在你內在的「我是」奇妙之光用禮物澆灌你之際，要愛慕並崇敬你的神性內在父母，而且看見它們的榮耀與宏大。隨著你這麼做，它們的光更加明亮地照耀你整個人。要將你內心和靈魂的渴望安置在光之中，於是顯化將會更快速地來到你面前。

好好珍惜你的神性內在父母。它們知道你的每一個念頭。

想像它們擁抱著你，讓它們的愛散發出來，穿透你，由你向外散發。一切必會安然無恙。

你越是有意識地與你內在的「母父神」、你的「我是」、你內在的天使白光連結，它就會越頻繁、越快速地回應你。要始終如一地信任你內在的單子，於是你的人格自我將會逐漸融入它的光之中。你將會成為擁有大智慧、大愛、明光的揚升大師同時在肉身之中。

觀想40

與你內在的天使母父光連結

- 找到一個你可以安靜下來、放輕鬆的地方。
- 閉上眼睛，平靜地呼吸。
- 呼喚你的天使母父自我。以感覺適合你的任何方式想像這個畫面。你的神性父母可能會顯現成一團純淨的白光，或顯現成有金色氣場的人們，或以其他方式顯現。
- 憶起你上一次有情緒、心智乃至身體問題是什麼時候。
- 向你的天使「母父光」（Mother Father Light）解釋那個問題和感受。
- 感覺你自己融入它們的光和愛之中。
- 放輕鬆，知道你正在被傳送到某個更高的頻率，來到一個光輝燦爛的開悟空間。
- 只要你需要，就在這裡休息，保持平靜、歸於中心、信任。
- 在它們光輝燦爛的天使單子能量中，你改變了，因此你的宇宙能以不同的方式回應。
- 感謝你的天使「母父光」，睜開眼睛。

第41章
彩虹之路與銀河聯邦大師層級

在亞特蘭提斯的黃金時期，大祭司和高階女祭司能夠觸及恆星，帶回非凡的啟明知識和智慧來幫助他們的人民。這是亞特蘭提斯成為如此先進文明的方法之一，當時的公民與他們的「高我」以及往往與他們的「單子」，是有聯繫的。

在當今這個時代，隨著我們抵達新的黃金時代，為了讓地球步入揚升的榮耀，相當數量的有志者必須走過瑟若芬娜「銀河聯邦學校」的彩虹之路。只有到那個時候，我們才能再一次觸及恆星的智慧。來自許多恆星系統、行星、星座的存有再度熱切期盼地等待著，要與我們建立連結。

經由熾天使瑟若芬娜奇妙的銀河聯邦培訓機構，
彩虹之路帶你來到更高的揚升，
在此，你遇見許多宇宙的存有，

還可能會擔任銀河聯邦特使。

當你的十二個脈輪完全參與，而且你準備就緒，確定要走過你的意識橋梁安塔卡拉納的時候，通向彩虹之路的大門便開啟。這時候，你穩穩地踏上揚升的階梯。

瑟若芬娜與大天使麥達昶

瑟若芬娜是少數以肉身與人類互動的熾天使之一。她攜帶著純淨的神聖女性能量，讓人們看見她穿著彩虹衣裳。大天使麥達昶攜帶著純淨的神聖男性能量，讓人們看見祂是光輝燦爛的金橙色光。

祂們將會共同幫助你搭建通向銀河聯邦學習學校的意識橋梁安塔卡拉納。

邀請你走上這條路

當大天使麥達昶與瑟若芬娜在你的能量場中看見彩虹光的時候，祂們便邀請你踏上彩虹之路，那意謂著，你是了解恆星連結多麼重要的宇宙存有。

以下幾個跡象顯示你可能是這類宇宙存有：

- 你是否看著星星就知道那裡有生命？
- 你對太空故事感興趣嗎？
- 你對談到銀河聯邦大師有回應嗎？
- 你在你的照片中看見或發現太空船嗎？
- 你是否夢見過阿斯塔指揮官（Commander Ashtar）？祂是保護這個宇宙的銀河聯邦星際飛船艦隊的指揮官。
- 你是否感應到自己來自某個遙遠的地方？

如果你對彩虹之路感興趣（閱讀相關資訊表示你有興趣），你已經在這個宇宙中的許多銀河聯邦學校受訓過。你的靈可能在你睡眠時在那裡上課。連結到彩虹之路的目的是為了踏上一趟有意識的旅程，因為該是你體認到自己是誰的時候了。

阿斯塔指揮官

阿斯塔指揮官是「銀河聯邦艦隊」（Intergalactic Fleet）的七維指揮官。祂的太空船巡視這個宇宙，而且戰略性地被安置在地球周圍，照看和保護我們。

阿斯塔指揮官任職於銀河聯邦理事會，祂的角色是維持這個宇宙的平衡與和諧。祂通常以金髮碧眼、穿著銀藍色衣服的高個男子的樣貌出現在我們面前。

祂源自於赫利俄斯，也就是我們的太陽之外的中央大日，赫利俄斯輻射神聖男性能量，沐浴著地球上的我們大家。在代表神聖女性的金星上，阿斯塔指揮官也是化作人形的神。

亞特蘭提斯黃金時期的大水晶目前在百慕達三角中心的海底。二〇一五年，大天使麥達昶與阿斯塔指揮官，下令那顆乙太水晶再次升起並重新校正對準中央大日。它現在正用難以置信的光澆灌全世界。每一個人都正在被它觸動。

秘魯的馬丘比丘是地球上僅有的四扇雙向跨維度能量之門之一。阿斯塔指揮官的職責之一是照顧這扇能量之門，保持其暢通。祂的巨型母艦穿過這裡進入地球，地球上只有這扇能量之門能夠容許這種尺寸的光能太空船通過。

建造你的意識橋梁安塔卡拉納的服務工作

一旦踏上彩虹之路，你就有特殊的工作要完成。只有人類能夠做到這點。你是通道，透過你，恆星智慧可以被下載給地球上的人們，這就好比你是橋梁，允許天使幫助地球上的人們和情境。

將你連結到諸恆星的火焰

地球上只有七個地方可以在能量上保有阿斯塔指揮官母艦的光。在這些地方，你可以與已經蘊藏在那片土地裡的古老文化智慧連結，並融合它與該地方所連結到的恆星智慧。這創造出使你可以將之留在地球上的強大能量火焰。

每次你這麼做的時候，它便建造你的意識橋梁安塔卡拉納，而且強而有力地推動你邁向你的單子。

造訪地球上可以容納阿斯塔指揮官母艦的七個地方

紐西蘭陶波湖

第一個能量純淨到足以容納這艘光能太空船的地方是紐西蘭的陶波湖（Lake Taupō）。在這裡，高階女祭司希拉（Hera）最初從亞特蘭提斯帶來的智慧與知識，被儲存在這片土地裡和一顆水晶骷髏頭之中，由毛利文化保管。

當你閱讀本文時，請想像自己拿著希拉的水晶骷髏頭，內含神祕的資訊與先進的知識。這個地方連結到銀河，而阿斯塔指揮官從那裡用光照射到你。這片土地裡的光與來自銀河的光融合，在你的上方形成巨大的綠光。

在你離開時，你留下連結紐西蘭與銀河的這把巨型宇宙火焰。你接收到智慧。

英國埃夫伯里

埃夫伯里（Avebury）位於英格蘭西部地區，它是包含格拉斯頓柏立與巨石陣（Stonehenge）在內的巨大能量之門的一部分。這些難以置信的啟明之地，每一處本身也是能量之門。這裡曾是迎賓門，歡迎來自各個宇宙的太空船。來自所有恆星、行星、星座的存有，會來到這裡好好享受包圍他們的愛。古老的德魯伊智慧蘊藏在這片土地裡，宇宙際級「白色兄弟會」的光也蘊藏在這裡。這扇具包容性的宏偉能量之門直接連結到「宇宙之心」金星。

你在這裡的任務是吸收這片土地裡蘊藏的光，將它與從宇宙之心傾瀉而下的光融合。你將會坐在或站在巨大閃耀的白粉色火焰之中。

當你吸收了你所需要的愛的能量時，要留下那把照亮這整個地區的火焰。

澳大利亞烏盧魯

烏盧魯（Uluru）是光輝燦爛的神聖空間，蘊藏著列穆尼亞的智慧。那裡的能量之門目前已做好準備，要接納更多的太空船，好讓睿智的宇宙旅行者可以幫助這整個世界。列穆尼亞的能量由當地的原住民保管，最初的原住民在列穆尼亞黃金時代末期化為肉身。他們透過與太陽連結（太陽提供男性力量，可以平衡他們的女性能量）讓列穆尼亞的知識扎根接地並維護好他們的文明。

閱讀本文時，要連結到烏盧魯土地裡的列穆尼亞之光，而且敞開來，接收來自太陽的光芒。好好感應在你上方形成的巨大金色火焰。幾分鐘後，要看見連結地球中心與太陽的火焰。好好接納列穆尼亞的智慧。

瓜地馬拉

下一扇大到足以容納阿斯塔指揮官母艦的能量之門，在中美洲的瓜地馬拉。這是另一扇連結到金星的迎賓門，而且這裡的人們已經欣然接受了宇宙訪客的知識和智慧。

亞特蘭提斯的高階女祭司阿芙蘿黛蒂源自於金星。在亞特蘭提斯隕落時，她帶著她的部族來到南美洲，他們成為馬雅人。他們在天文學、數學、恆星連結方面的先進知識都保存在這片土地裡。閱讀這些文字時，要允許自己與之連結，然後樂於接收來自「宇宙之心」的純愛下載。你現在可能會感應到圍繞著你的純愛和智慧的巨型火焰。

要知道你會將這把火焰留在瓜地馬拉。

喜馬拉雅山

喜馬拉雅山脈非常純淨而古老，它是個遼闊而完美的地方，可以容納阿斯塔指揮官的母艦。這片土地充滿高階的古老智慧，因此要允許自己接納適合你的東西。然後從代表智慧的星座獵戶座接收宇宙之光的下載。隨著你感覺到純白的火焰圈住你，你被要求要成為智者。

要將你的智慧火焰留在喜馬拉雅山的山脈裡。

美國雪士達山

加州雪士達山（Mount Shasta）周圍的土地，已被白雪和大天使加百列的光提純淨化了。它是一扇廣闊而純淨的能量之門。這片土地滿是列穆尼亞人的智慧以及對大自然的熱愛，因此閱讀這些文字時，你可能會想要調頻進入它。

這扇能量之門連結到昴宿星團，所以好好感受來自那個星座具療癒力的藍色與你周圍的列穆尼亞智慧融合。要感應到你正站在延展於天地之間的巨型藍色療癒火焰的中心。好好吸收那份療癒。

當你繼續前進時，要覺知到藍色火焰照亮世界。

美國的中空地球能量之門

美國境內的巨型中空地球能量之門，在奧克拉荷馬州、堪薩斯州、內布拉斯加州、南達科他州、以及北達科他州底部上方形成一個圓圈。

這裡的土地蘊藏著許多古老美洲原住民的靈性能量。亞特蘭提斯強而有力的大祭司印和闐將祂的部族帶到這裡。他們成為切羅基人（Cherokee），他們是智者，保有亞特蘭提斯的祕密和許多薩滿知識，形成了美洲原住民文化的基礎。

好好感應一下這裡的智慧，那使你直接向下連結到中空地球的金字塔，將它與來自昴宿星團的藍光火焰融合在一起。要站在巨大的藍白火焰的中央，好好吸收那股能量，然後將它留下來，讓光芒從這扇能量之門散發出去。

秘魯的馬丘比丘

秘魯的馬丘比丘，是地球上唯一能夠容納阿斯塔指揮官的巨型母艦進出地球的能量之門，因此這艘母艦必須通過馬丘比丘進出地球。每次你與阿斯塔指揮官連結並乘坐祂的母艦旅行時，都要通過這扇能量之門，而且你將會自動地接收來自印加人的光之下載，印加人是大祭司托特在亞特蘭提斯末期帶到這裡的人們。

觀想 41

參觀阿斯塔指揮官的母艦

- 找到一個你可以安靜下來且不受干擾的地方。
- 閉上眼睛，放輕鬆。

- 一部彩虹色電梯出現在你面前。
- 走進電梯內，心想：阿斯塔指揮官的母艦。
- 電梯悄無聲息地上升，帶你安全地進入新的維度。
- 當電梯停下來時，電梯門打開，一艘橢圓形的巨大銀色太空船滑到你站著的地方。它比幾艘遠洋郵輪加起來還要大。
- 太空船的門大開，在你踏進太空船時，就被柔和的白光包圍住。
- 身著銀藍色太空服的強大指揮官阿斯塔歡迎你。
- 門在你身後滑動關上，你環顧四周，領悟到那扇門正採用人類遙遠未來的技術。
- 你看見好幾十位各種形狀和大小的存有，來自宇宙各地。所有存有都友善而熱情。
- 花時間與其中某些存有連結。
- 阿斯塔指揮官親自帶領你來到一間密室，你躺在密室裡的沙發上。
- 祂將一道銀藍色光傾瀉到你全身，校正你，使你與你的靈魂旅程所需要的能量契合相映。

第42章

三重揚升火焰

許多大師以及所有大天使，都可以將祂們令人敬畏的「揚升火焰」（Ascension Flame）安置在我們的上方，揚升火焰內含創造大師的濃縮之光以及達到大師品質的特殊鑰匙，那可以點燃你自己蟄伏的潛能。當揚升火焰被安置在你的上方時，它將會立即提升你的頻率且加速你的揚升之路。

保有揚升火焰的大師們經歷了許多的挑戰和啟蒙，才能掙得保有揚升火焰的權利。我們全都從個人的精通嫻熟開始，然後通過行星級與星系級的進度，達到宇宙級的精通嫻熟。假使你正在閱讀本文，那麼你正走在這條路上，而且在其他轉世或你的靈魂旅程上可能已經達到了大師層級。

閱讀「揚升火焰」的相關資訊會將它們的能量吸引到你身上，而且可能會影響你。假使你在讀完相關資訊後閉上眼睛，然後召請它們，等待它們被安置在你的上方或周圍，它們必會在深層觸動你。

你可以把揚升火焰發送給其他人，觀想揚升火焰在這些人的上方，但始終要在恩典之下這麼做。這意謂著，一個人只有在他們的高我允許的情況下才會接收能量，那對他們來說才恰當。

三的力量

我發現，若要提升我的光和能量，祈請揚升火焰是最快速的方法之一。你可以單獨沐浴在任何一種揚升火焰之中。然而，如果你想要力量爆發和揚升加速，就召請三重揚升火焰。三的力量非常強而有力。我將會解釋某些揚升火焰如何特別有效地協同合作。

提純淨化的揚升火焰

金色基督火焰

金色基督火焰是最美麗、最強大的能量之一。它由耶穌持有，耶穌現在是「宇宙之愛的使者」。金色基督火焰提升你的頻率且用智慧觸動你，其內的基督之光保護你的能量場、療癒你、使你沐浴在無條件的愛之中。與此同時，它可以提純淨化你，下達細胞層次。

紫羅蘭火焰

聖哲曼和大天使薩基爾持有紫羅蘭火焰。這是極其強大的火焰，用於蛻變。由於紫羅蘭火焰的力量被濫用，在亞特蘭提斯隕落時，它被收回，返回到內在層面。隨著人類的頻率開始提升，我們贏得了再次使用它的權利，並在一九八七年的「和諧匯聚」時被帶回給每一個人使用。如果它被安置在你的能量場的上方，它便開啟你的能量場，所以應該要在有保護的情況下明智地使用紫羅蘭火焰。

幾年後，金色和銀色火焰與紫羅蘭火焰合併，成為「金銀紫羅蘭火焰」（**Gold and Silver Violet Flame**）。

後來，大天使加百列將祂的能量加上去，於是「金銀紫羅蘭火焰」進化成「宇宙級鑽石紫羅蘭火焰」（Cosmic Diamond Violet Flame）。

最近的升級版是「丁香紫本源之火」（Lilac Fire of Source）。

任何時候，你可以憑直覺判斷，哪一個面向最適合你祈請。

亞特蘭提斯的純白火焰

奇妙的瑟若佩斯·貝是亞特蘭提斯黃金時期的大祭司，祂攜帶純白色的亞特蘭提斯揚升火焰。當你祈請它的時候，它便提純淨化你。此外，這把火焰保有亞特蘭提斯的鑰匙和密碼，可以照亮你的能量場內那些準備好要帶出來的東西。

這把火焰也保護你免於可能正在吸引的任何低階能量的影響，尤其是來自亞特蘭提斯時代的低階能量。當你接收到它的時候，你可能想要將它集結在雙手手掌中，然後可以用它來觸動他人。

觀想42

引進三重純淨火焰

- 首先召請金色基督火焰，讓它降下來瀰漫你全身，填滿你的氣場。這提升你的頻率且保護你的能量場。
- 然後你可以安全地將紫羅蘭火焰向下帶入你的每一個脈輪。當我同時祈請這三把火焰時，我只採用紫羅蘭火焰的原始力量。它有助於想像或觀想紫羅蘭火焰在每一個中心閃爍，包括星系門戶、靈魂之星、因果輪、頂輪、眉心輪、喉輪、心輪、太陽神經叢、臍輪、本我輪、海底輪、地球之星脈輪。

- 然後，在你祈請亞特蘭提斯的純白火焰之前，花點時間讓自己準備好。要覺察到，瑟拉佩斯．貝手持這把巨大、非凡的火焰，而且將其緩緩地安置在包裹著你的另外兩把火焰的上方。
- 坐在或站在三把火焰之中，放輕鬆。

這個強力組合是提純淨化的終極。這三把揚升火焰一起，可以蛻變你周圍的任何暗黑能量，也保護你免於靈擾。絕不要低估這三把提純淨化火焰的力量。

個人無條件的愛的揚升火焰

娜達女士（Lady Nada）、帕拉斯．雅典娜（Pallas Athena）、維納斯女士都是亞特蘭提斯黃金時期鼎盛期間的高階女祭司。後來她們都成為女神和啟明大師。她們每一位都攜帶著不同的愛的揚升火焰，可以將其安置在你的心中或你的上方。這些使你敞開來接納無條件的愛，於是你開始吸引更多的真愛進入你的人生。隨著這些揚升火焰擴展，它們也使你沐浴在宇宙的愛之中。

純愛的揚升火焰

娜達女士是耶穌的高我薩南達（Sananda）的雙生火焰。她是第三道光的「業力之主」，在這個宇宙四處散播宇宙的愛，也是掌管儀式、典禮、魔法的第七道光大師。娜達（Nada）的意思是「空無」，她之所以被稱作娜達女士是因為她完全沒有小我。她的揚升火焰是明亮的白粉色，內含古老的療癒和智慧以及宇宙之愛的密碼。

愛與真理的揚升火焰

帕拉斯·雅典娜被稱作「真理女神」，她是代表和諧與平衡的第四道光的「業力之主」。她的揚升火焰閃爍著藍粉色，蘊藏勇氣和智慧的密碼。它幫助你運用愛的真理切穿幻相。當你沐浴在這把火焰中的時候，它確保你的心很真實，從而吸引誠實的關係。

愛與和諧的揚升火焰

維納斯女士是愛的女神。她的揚升火焰是輝煌的亮粉色，攜帶著最純淨的愛的密碼。它打開你的心，迎向安詳而美麗的愛的關係，而且將你連結到「宇宙之心」。

觀想 43

引進愛的三重火焰

- 打開你的心輪，然後祈請娜達女士。請求她將她的白粉色「純愛火焰」安置在你的心中。
- 看見或感應到那把輝煌的火焰在你心中。將氣息吹進那把火焰，知道它正在深層療癒你，擴展你用智慧去愛的能耐。
- 然後覺察到帕拉斯．雅典娜在你面前，她舉起手中閃爍的藍粉色火焰，這使你的心輪頻率大幅提升。於是你更加敞開心扉。
- 最後，愛的女神維納斯女士看進你的雙眼。她手上拿著帶有和諧的亮粉色「愛的揚升火焰」。她將這把火焰安置在你的心中，於是你吸入這把火焰的氣息。
- 花點時間在愛的三重火焰之中休息。然後所有三重火焰向外延伸，觸動你的家人、朋友、鄰居的心，直到你成為愛的磁石。

- 現在這些火焰擴展到包圍我們的星球，然後通達「宇宙之心」金星。你接收到「本源之愛」的下載。有一瞬間，你充滿愛的本質概括這個世界和其中的每一個人。
- 放輕鬆。

每次你祈請這些火焰時，你充滿愛的核心就變得更加牢固、更為明亮。

療癒的揚升火焰

神性療癒的火焰

這把奇妙的「療癒火焰」由耶穌攜帶，它是金色、粉紅、白色，蘊藏著無條件的愛的最純淨能量。愛可以療癒。這把火焰是由你的信心啟動的，非常強而有力。

聖母馬利亞的慈悲療癒火焰

聖母馬利亞的這把藍色火焰有金色的中心。它洋溢著愛與慈悲的品質，打開你的心，迎向更高階的療癒。它攜帶善良、溫和、神聖女性智慧的密碼，使你充滿允許你感覺到完整圓滿的品質。

大天使拉斐爾的療癒火焰

大天使拉斐爾巨大而莊嚴的祖母綠療癒火焰，攜帶著你的五維健康藍圖的鑰匙和密碼。如果你準備就緒，它將會校正你當前的健康藍圖，使之與你完美的神性可能性相映契合。要帶著期待與感恩接收它。

觀想44

引進三重療癒火焰

- 在你祈請這些揚升火焰之前，花點時間敞開來接納愛且肯定地表明你的信心。
- 第一把火焰是耶穌帶給你的，祂穿著最純淨的白袍。祂一手將祂的火焰高高舉在你的頭頂上方，宛如燃燒的金色、粉紅、白色指路明燈。祂用另一隻手觸碰你的心，然後緩緩地將那把火焰帶下來。感應到火焰下行，罩住你的頭部、肩膀、軀幹、臀部、腿部，直至它吞沒你整個人為止，給自己時間好好吸收它。耶穌站在你的右邊。

- 然後聖母瑪利亞向你走來，手裡拿著最精緻、最美麗的藍色「慈悲療癒火焰」。在你準備好要沐浴在這把火焰中之前，請看進她的藍眼睛，其中洋溢著理解與療癒。接著在她溫和地降下那把火焰罩住你全身之際，好好吸入那把火焰的氣息，然後她站在你的左邊。
- 強大的療癒天使大天使拉斐爾，將祖母綠的療癒火焰放置在你前方的地面上。它在那裡閃爍，變得更加透明，你甚至能夠感應到或看見你全然健康的神性自我。感應一下你的頻率正在上升，足以與這把火焰的能量契合相映，然後步入火焰之中，放輕鬆，允許自己與你最高階的健康狀態融為一體。大天使拉斐爾站在你面前。
- 當你站在中心的時候，看見或感應到耶穌、馬利亞、大天使拉斐爾手牽著手，同時三重療癒火焰在細胞層次療癒你。

第43章

進階三重揚升火焰

在本章中，我將介紹幾種更強大的三重揚升火焰。再次強調，假使你召請它們，等待著它們被安置在你的上方或周圍，它們必會在深層觸動你。

和平的揚升火焰

蘊含智慧的和平金色火焰

這把揚升火焰由大天使烏列爾持有。祂掌管你的太陽神經叢脈輪，而且這把純金火焰幫助增強你的自我價值和自信。當你沐浴其中時，它運用智慧啟動你的力量，帶出你的神性自我以及與生俱來的和諧。

白色的天使和平火焰

大天使克里斯蒂爾手持白色的「和平火焰」。祂掌管你的因果輪，這是一間和平密室兼通向天使王國的入口。大天使克里斯蒂爾也監管獨角獸王國。祂的和平火焰為你帶來普世的祝福、聖潔、安詳。當這把火焰被安置在你的上方時，你可能會感應到或看見獨角獸與「和平天使」在你身邊。

佛陀的和平與無害火焰

喬達摩大師（Lord Gautama，譯注：釋迦牟尼佛）是地球上擁有「佛陀」（智慧的化身）地位的第一人。祂的和平火焰保有無害、開悟、智慧的品質。它是檸檬黃色——混合黃色的智慧與綠色的和諧與平衡。

引進三重和平火焰

- 確保你在和諧的空間裡。
- 首先祈請「蘊含智慧的和平金色火焰」，而且看見大天使烏列爾高舉著這把閃爍的火焰，然後緩緩地將它安置在你的上方。舒舒服服地呼吸，感覺到它美麗的能量且允許它發揮它的魔力。
- 在這之後，召請白色的天使和平火焰。你可能會感應到或看見大天使克里斯蒂爾承載著這把火焰，而且隨著你敞開來接納閃爍的白色火焰，你可能會覺知到一層層的獨角獸與和平天使圍繞著你。要知道你正在接收「和平的密碼」。
- 最後，你可能會覺察到巨大的半透明檸檬黃火焰從天而降，朝你移動。當它靠近且停在你面前時，要讓自己感覺到完全無害以及對全體的愛，然後你踏入這把火焰，而它照亮你。
- 慢慢地呼吸，吸入各個層次的和平、安詳、寧靜、無害。

知識與智慧的揚升火焰

蘭托大師（Lord Lanto）、伏斯盧大師、大天使約菲爾的火焰全都是不同色調的黃，帶來所有不同的品質與各種知識和資訊，以及以有可能最好的方式，運用這一切的智慧。

另一位在黃光上運作的大師是「世界導師」庫圖彌大師。祂目前正在引進全新的教學系統，適合黃金未來的孩子們。祂也攜帶一把揚升火焰，如果你希望祈請這把揚升火焰，也可以這麼做。對於希望好好教學或已經在教學的人們來說，這會特別有幫助。它也可以幫助學生們。我沒有將它納入三重揚升火焰的唯一理由是，庫圖彌大師並沒有站出來，企圖成為其中的一部分，而蘭托大師、伏斯盧大師、大天使約菲爾，則想要成為知識與智慧三重火焰的一部分。

蘭托大師由慈悲生出智慧的金色火焰

蘭托大師是掌管愛與智慧的第二道光大師，也是「由慈悲生出智慧的金色揚升火焰」（Golden Ascension Flame of Wisdom through Compassion）的守護者。祂的心輪高度發展，發展到可以看見金色的基督之光發亮，穿透祂的肌膚。

伏斯盧大師的普世智慧揚升火焰

伏斯盧大師源自於另一個宇宙。祂是曾經投生在亞特蘭提斯時期頻率最高的大祭司，而且祂促使亞特蘭提斯成為傳奇文明。祂的「普世智慧揚升火焰」（Ascension Flame of Universal Wisdom）是光輝燦爛的陽光黃色。

大天使約菲爾的宇宙知識火焰

大天使約菲爾是智慧的天使。祂掌管頂輪，這是一千片花瓣的蓮花，敞開來引進普世的知識和智慧。祂的火焰是透明的淡金黃色。

觀想 46

引進知識與智慧的三重火焰

- 在你祈請這三把火焰之前，請先呼吸幾次，將氣息吸入你的眉心輪，然後想像你的眉心輪和頂輪合併成為一個大脈輪。
- 蘭托大師帶著祂的「由慈悲生出智慧的金色火焰」出現在你面前，這把火焰也帶有少許粉紅色。祂將這把火焰安置在你已擴展的眉心輪與頂輪中。讓自己放輕鬆，感覺到火焰在這些脈輪中熊熊燃燒，然後它向下移動到你的心。

- 然後伏斯盧大師走到你面前，你可能會驚歎於祂散發出難以置信的高頻陽光黃光。祂的陽光黃「普世智慧揚升火焰」蘊藏著促使亞特蘭提斯做出驚人大躍進的鑰匙和密碼，而且將會幫助我們的星球實現雙維轉換，進入下一個黃金時代。它們也會加速你個人的揚升。祂現在將這把火焰安置在你的眉心輪和頂輪區，在那裡發光閃耀，然後它向下移動到你的心。
- 大天使約菲爾現在展開半透明的淡黃色雙翼朝你飄落下來。祂高舉著穩定的黃色「宇宙知識火焰」。祂輕輕地將這把黃色火焰安置在你的眉心輪與頂輪區，火焰在那裡散發光芒，然後它向下移動到你的心。
- 突然之間，三把黃色火焰全都擴展膨脹，吞沒你，使你的細胞盈滿所有宇宙知識與智慧的頻率。

宇宙級揚升火焰

顧名思義，在我們目前唾手可得的揚升火焰之中，這些最為強而有力。值得個別召請，慢慢地在你的能量場中適應那股能量。這個三重組合將會推動你登上揚升的階梯，我會建議你小心地使用它們，而且只有在你動用了本書中建議的其他火焰之後才使用它們。它們威力強大。

黃金未來完美人類的揚升火焰

艾莫亞是人類下一個根源種族的馬努（完美人類），擁有代表生命力的紅色火焰，代表誠信正直的藍色火焰，代表白色兄弟會的白色火焰。在此，白色代表聖潔。這把火焰保有下一階段人類進化（我們全體將在黃金未來成為的人類，有十二股相連而活躍的DNA）的鑰匙和密碼。

希拉靈大師的智慧與更高科技揚升火焰

希拉靈大師是掌管科學與技術的第五道光大師，祂的火焰是明亮的亮橙色。作為行星，我們注定要接收靈性科技的下載，那將會帶領我們超越非凡的亞特蘭提斯文明所使用的技術。這把奇妙的火焰保有我們未來進化下一階段的鑰匙和密碼。

大天使麥達昶的金橙色揚升火焰

大天使麥達昶掌管人類、地球、這個宇宙的揚升，而且祂的揚升火焰包含你在每一步揚升之路上所需要的一切。

觀想47

引進三重宇宙揚升火焰

- 首先祈請艾莫亞，請求祂帶著祂輝煌鮮明的紅、藍、白揚升火焰站出來。要知道這把火焰內含你完美五維自我的藍圖。祂手持那把揚升火焰站在你面前一會兒，讓你可以在揚升火焰隨著能量跳動時，感應到它的力量和重要性。然後祂走上前，將這把揚升火焰安置在你的星系門戶脈輪之中。你可能沒有感覺到這點，但是這把揚升火焰卻開始為你預作準備，迎接黃金未來的最高可能性。

- 希拉靈大師穿著一件亮橙色披風，與祂所持有、代表智慧與更高技術的亮橙色揚升火焰相匹配。那把揚升火焰與我們黃金未來的靈性科技的鑰匙和密碼一同存在。你盯著它看了好長一段時間。然後希拉靈大師將巨大的橙色火焰安置在你的星系門戶之中。
- 現在你可能會感覺到或看見強大的大天使麥達昶靠近過來。祂非常巨大，而你可能會感應到祂正在抑制祂的光，使祂的光不至於淹沒你。祂的金橙色揚升火焰光輝燦爛，洋溢著神聖的深奧符號。祂將這把火焰與其他火焰一起安置在你的星系門戶之中。
- 幾分鐘之後，三把火焰開始一起向下移動，穿過你的脈輪系統，用一股揚升的推力點燃每一個脈輪：

*在你的靈魂之星脈輪中，它們發送三者組合起來的能量，沿著你過去靈魂旅程的時間線而行，然後向前進入未來，為你預作準備，迎接一個超出你理解或期待的時代。

*在你的因果輪中，它們打開通往天使界的門戶，召請更高階的存有前來支援你。

*在你的頂輪中，它們輻射進入宇宙中，邀請你下載符合你的至善的一切。

*在眉心輪中，它們的鑰匙和密碼解鎖你更高階的天賦和力量。

*在你的喉輪中，它們打開大門，通向更高階的溝通和更廣闊的真理。

*在你的心輪中，它們全都休息，包括：你作為完美人類、擁有十二股DNA相連而活躍的紅、藍、白色火焰，代表智慧與更高科技的橙色火焰，以及奇妙的金橙色揚升火焰。花點時間好好感受這三把火焰在你心中炙熱燃燒，綻放著光芒，照亮你周圍。

*在你的太陽神經叢脈輪中，它們擴展這個中心，使你能夠向外，在世界各地注入更高階的和平。

*在你的臍輪中，它們將合一的未來知曉熊熊燒進每一塊大陸。

*在你的本我輪中，它們提升超然的愛的頻率。

*在你的海底輪中，它們創建一把非常明亮的火，使你周圍的每一個人感覺到安全和被照顧。

*在你的地球之星脈輪中，它們舞動和綻放，照亮你的潛力並將這股能量扎根到你的整體存在之中。

結語——

「現在」就創造黃金未來

我們正在邁向快樂且靈性開悟的未來。我在本書中討論的所有事情都會發生，因為宇宙的潮流正在將那些事物帶出來。一定會有新的靈性科技、新的健康範型、黃金社區。我們將會再次吃下營養豐富的有機食品，喝純淨的水。黃金城將會形成，我們會與動物和星際存有溝通交流。最終一定會有世界和平、國際合作與自由。這是不可避免的。宇宙的流動現在正在啟動新的黃金時代的能量，各地的頻率也正在迅速提升。

然而，每當你聚焦在老舊方法以及當前社會崩潰所造成的挑戰時，你就減慢過渡變遷，縮減更高的可能性。或者，每當你思考、談論、觀想等待著我們的驚人黃金未來時，你就為自己和集體注入新黃金未來的能量。我們每一個人都擁有許許多多的力量，多過我們相信自己擁有的。在顯化方面，我們令人難以置信啊！

若要引進光輝燦爛的黃金未來，你可以完成以下幾件事：

• 運用本書中的技巧創造日常的靈性修煉。包括彩虹呼吸、揚升火焰，乃至更好的三重揚升火焰，以及說出「我是」真言。每當你進行靈性練習或修煉時，你不僅提升自己的頻率，而且提升集體意識和地球的頻率。

- 努力修通你的脈輪的各間密室，以精通嫻熟那些功課為目的。請求天使們幫助你做到這點，祂們一定會幫忙。
- 每天花些時間觀想為我們敞開的美妙機會和全新生活方式。當你聚焦在黃金未來的喜悅，彷彿它已經在這裡似的，奇蹟就會發生。本書中有許多觀想可以供你運用。
- 做出決定，要從你的生活中切除掉聚焦在老舊範型的任何事物。
- 花時間與正向且導向黃金未來的人們相處。
- 談論黃金未來且啟發他人思考黃金未來。
- 多做些為你帶來喜悅和滿足的事。

做這些事的時候，好好觀察你的頻率上升，覺知到美好的事物被你的更高振動吸引過來。

在這個重要的轉變時期，你的靈魂選擇了要在地球上。我們一同參與，因為它將是社區與合一的時代，因此要聚集周圍志同道合的人們，好好分享和享受這趟旅程。

最重要的是，「現在」就創造黃金未來。

詞彙表

亞伯拉罕（Abraham）：「業力之主」（Lord of Karma），掌管檸檬黃色的第十道和平之光；艾莫亞（El Morya）的一個面向；偉大的「御龍大師」（Dragon Master）。

阿卡莎紀錄（Akashic Records）：存放靈魂累世旅程所有細節的儲存區。

阿克巴大帝（Akbar the Great）：印度境內的英明統治者；艾莫亞的一個面向。

紫水晶骷髏頭（Amethyst Crystal Skull）：在亞特蘭提斯時期手工製作完成，內含亞特蘭提斯黃金時期積累的所有知識的密碼。

仙女座（Andromeda）：一個高度進化的星系，以平等的方式保有愛、和平、智慧。

安加拉，地球的誕生（Angala, the birth of our planet）：地球上第一個黃金時代。

天使存有（angelic beings）：天使進化路線上的存有；包括元素精靈存有、所有頻率上的天使、獨角獸。

意識橋梁安塔卡拉納（Antakarana bridge）：從你的「靈魂之星」（Soul Star）到你的「單子」（Monad）再到「本源」（Source）的橋梁。

阿芙蘿黛蒂（Aphrodite）：亞特蘭提斯黃金時期掌管愛的高階女祭司。

阿波羅（Apollo）：亞特蘭提斯黃金時期的大祭司。

隔空取物（apportation）：將物體移動到你身邊的能力。

大天使

—**布提亞里爾**（**Butyalil**）：純白天使，祂確保這個宇宙平順地運轉。

—**夏彌爾**（**Chamuel**）：粉紅色的愛之天使，監管心輪。

—**克里斯蒂爾**（**Christiel**）：白色的和平天使，監管「因果輪」、獨角獸王國、天琴座（Lyra）星際之門。

—**加百列**（**Gabriel**）：白色的聖潔與喜悅天使，監管海底輪、本我輪、臍輪。

—**荷柏**（**Hope**）：大天使加百列的彩虹色雙生火焰；她把希望帶給人類。

—**約菲爾**（**Jophiel**）：淡金色的智慧天使，掌管頂輪。

—**瑪洛莉**（**Mallory**）：大天使克里斯蒂爾的暗紅色雙生火焰，也是智慧天使。

—**馬利爾**（**Mariel**）：洋紅色天使，掌管「靈魂之星」脈輪。

—**瑪麗**（**Mary**）：海藍色的愛與慈悲天使，她照亮過聖母馬利亞（Mother Mary）。

—**麥達昶**（**Metatron**）：金橙色天使，掌管「星系門戶」脈輪以及人類與這個宇宙的揚升。

—**麥可**（**Michael**）：深藍色天使，掌管喉輪，攜帶「真理之劍」與「保護之盾」。

—**波利梅克**（**Purlimiek**）：綠色的大自然天使。

—**拉斐爾**（**Raphael**）：祖母綠色天使，掌管負責療癒、開悟、豐盛、心靈發展的眉心輪。

—**聖德芬**（**Sandalphon**）：大天使麥達昶的銀色雙生火焰，掌管「地球之星」脈輪和音樂。

—**烏列爾**（**Uriel**）：指揮金色的和平天使；掌管太陽神經叢脈輪。

—**薩基爾**（**Zadkiel**）：藍紫色的蛻變天使。

大角星（Arcturus）：來自這顆恆星的存有是先進的十維療癒師。

亞瑟王（Aruthur, King），艾莫亞的一個面向。

揚升火焰（Ascension Flame）：保有可以加速揚升的九維或更高維度之光碼的火焰。

阿斯塔（Ashtar）：保護這個宇宙的銀河聯邦星際飛船艦隊的指揮官。

雅典娜（Athena）：亞特蘭提斯黃金時期掌管智慧的高階女祭司。

食氣者（breatharian）：靠空氣中的普拉納（prana）為生、無須食物的人。

脈輪

—地球之星脈輪（Earth Star chakra）：五維時呈銀色，保有你的神性潛能。

—海底輪（Base chakra）：五維時呈白金色，保有使你得到神性支持的信任。

—本我輪（Sacral chakra）：五維時呈淡粉色，保有超然之愛的品質。

—臍輪（Navel chakra）：亮橙色，保有合一的密碼。

—太陽神經叢脈輪（Solar plexus chakra）：五維時呈金色，保有自我價值、自信、蘊含力量和神性威嚴的智慧。

—心輪（Heart chakra）：五維時呈白色，保有愛的密碼。

—喉輪（Throat chakra）：五維時呈寶藍色／青色，保有真理、榮譽、勇氣、力量的密碼。

—頸動脈脈輪（Alta Major chakra）：青色，它是喉輪內「意識的活動中心」。

—眉心輪（Third eye chakra）：五維時呈水晶綠色，保有開悟、豐盛、心靈能力的密碼。

—**頂輪**（**Crown chakra**）：五維時呈水晶金色，保有宇宙連結的密碼。

—**因果輪**（**Causal chakra**）：白色，保有和平與天使的連結。

—**靈魂之星脈輪**（**Soul Star chakra**）：洋紅色，保有你的靈魂的資訊和智慧。

—**星系門戶脈輪**（**Stellar Gateway chakra**）：金橙色，保有揚升的密碼。

基督之光（**Christ Light**）：純淨的「本源」之光，內含知識與資訊。

基督之愛（**Christ Love**）：直接來自「本源」的愛。

靈認知力（**claircognisence**）：神性的知曉或「靈知」（gnosis）。

宇宙時刻（**Cosmic Moment**）：某次神性的暫停，發生在二〇一二年十二月二十一日上午十一點十一分。

宇宙能量之門（**cosmic portal**）：攜帶基督之光通向其他維度的途徑。

宇宙級金字塔（**cosmic pyramids**）：亞特蘭提斯隕落時建造的六座金字塔，它們是運用宇宙的高階知識編程的宇宙級計算機。

地球理事會（**Council for Planet Earth**）：為我們的星球做決定的十二位啟明大師。

九人理事會（**Council of Nine**）：九位掌管土星的存有構成的先進群體意識。

水晶骷髏頭（**crystal skulls**）：在亞特蘭提斯黃金時期有十二臺計算機，每臺均由一塊人類頭骨形狀的水晶製成。每一臺計算機都運用創建它的族群的智慧編程。

晶狀腦（**crystalline brain**）：具有水晶電腦品質的腦部結構，而且將是黃金未來人民的基準。

神聖女性（Divine Feminine）：包含完美女性能量的所有品質，例如愛、慈悲、滋養、智慧、直覺、持久。

神聖男性（Divine Masculine）：包含完美男性能量的所有品質，例如力量、決策制定、善於保護、思考、快速改變。

迪瓦爾・庫爾（Djwhal Khul）：透過愛麗絲・貝利（Alice Bailey）通靈傳訊的西藏大師。祂曾是三智者（three Wise Men）之一的加斯帕（Casper），現在則是經由和諧達致健康的大師。

海豚（dolphins）：地球上的智者，宇宙知識的守護者，牠們保有亞特蘭提斯黃金時期的知識與智慧。

德魯伊（Druids）：「白色兄弟會」的一支。

艾莫亞（El Morya）：亞特蘭提斯黃金時期的大祭司。祂現在是人類進化下一個衝刺期的「馬努」（Manu，即「完美人類」）。也是掌管力量、意志、目的的第一道光大師。

元素精靈（Elementals）

—風元素精靈（elementals of air）：乙薩克（esak）、小仙子（fairy）、西爾芙（sylph）、風龍。

—土元素精靈（elementals of earth）：地精（gnome）、丑妖精（goblin）、小妖精（pixie）、土龍。

—水元素精靈（elementals of water）：奇希爾（kyhil）、美人魚、水仙女昂丁（Undine）、水龍。

—火元素精靈（elementals of fire）：火蜥蜴（salamander）、火龍。

—木元素精靈（elementals of wood）：沃柏頓（warburton）。

—綜合型元素精靈（elementals with combined elements）：龍、半人半羊農牧神（faun）、小惡魔（imp）。

蓋亞女士（Gaia, Lady）：掌管地球的天使。

喬達摩大師／釋迦牟尼佛（Gautama, Lord）：地球上成佛的第一人，智慧與和平的化身。

黃金城（golden cities）：為全體居民福祉而建造、散發出金色氣場的生態社區。

亞特蘭提斯的黃金時期（Golden Era of Atlantis）：亞特蘭提斯第五次亦即最後一次實驗，為期一千五百年，在此期間，人們維持五維振動，過著詩情畫意的生活。

亞特蘭提斯大水晶（Great Crystal of Atlantis）：這顆巨型水晶為亞特蘭提斯提供純淨的「本源」能量作為動力。

守護天使（guardian angel）：被指定陪伴你一生的天使存有。

阿蒙提大廳（Halls of Amenti）：中空地球裡的圖書館，內含宇宙中所有大師的紀錄。

和諧匯聚（Harmonic Convergence）：一九八七年的行星連珠標示了二〇一二年之前二十五年的提純淨化期。

赫利俄斯（Helios）：又名「中央大日」（Great Central Sun），是通向「本源」的門戶，在此，這個宇宙的「光之密碼」（Codes of Light）由大天使麥達昶創造出來。

赫密士（Hermes）：亞特蘭提斯黃金時期的大祭司；祂的部族後來成為夏威夷境內的「卡胡納」（kahuna，譯注：意指任何領域的專家），隨身攜帶著「荷歐波諾波諾」祈禱文。

希拉靈（Hilarion）：源自於天狼星（Sirius），土星理事會（Council of Saturn）上的地球談判代表；祂現在為新時代引進靈性科技。

中空地球（Hollow Earth）：地球中心的七維脈輪。

荷歐波諾波諾（Ho'oponopono）：胡納（Huna，譯注：夏威夷語，意思是「祕密」）療癒祈禱法：「對不起。請原諒我。謝謝你。我愛你。」

荷魯斯（Horus）：亞特蘭提斯黃金時期的大祭司。

啟明者（illumined ones）：這些存有精通嫻熟地球的功課且攜帶高比例的光。

印和闐（Imhotep）：亞特蘭提斯黃金時期的大祭司。

銀河聯邦理事會（Intergalactic Council）：十二位強大的存有，祂們為這個宇宙做決定。

愛希絲（Isis）：亞特蘭提斯黃金時期的高階女祭司。

耶穌（Jesus）：將基督之光帶到地球上的啟明大師；「宇宙之愛的使者」（Bringer of Cosmic Love）。

木星（Jupiter）：擴展與豐盛的行星。

聖殿騎士團（Knights Templar）：「白色兄弟會」的一支。

庫彌卡（Kumeka）：拓帕石第八道光大師，掌管深度滌淨、轉化、喜悅、合一。

地球的昆達里尼（kundalini of Earth）：我們星球的生命力能量。

庫圖彌（Kuthumi）：世界導師。

阿蒂特蘭湖（Lake Atitlan）：大天使聖德芬在南美的乙太靜修區。

蘭托（Lanto）：掌管愛與智慧的第二道光大師。

列穆尼亞（Lemuria）：第四個黃金時代，亞特蘭提斯之前的黃金時代，以合一與熱愛大自然而聞名。

飄浮（levitation）：操控你的能量場的能力，使你可以將自己運送到不同的地點。

光之工作者（lightworker）：有意識地為光工作的靈魂。

天琴座（Lyra）：通向獨角獸王國的星際之門，由大天使克里斯蒂爾監管。

法師（mage）：威力強大的祭司或女祭司，與亞特蘭提斯的大祭司和高階女祭司一起工作；複數為magi。

顯化（manifestation）：將物體從無形界域吸引到你面前的能力。

馬可（Marko）：來自土星，在我們的太陽系中，祂代表最高階的銀河聯盟。

火星（Mars）：來自這個星球的存有協助使這個宇宙保持井然有序。

抹大拉的馬利亞（Mary Magdalene）：負責第六道光，掌管慈愛、奉獻服務，將神聖女性的影響力帶入宗教；她也帶來新的療癒方法。

聖母馬利亞（Mary, Mother）：耶穌的母親；愛與慈悲的大師。

梅爾基奧爾（Melchior）：三智者之一；祂預測了耶穌誕生的時間和地點；艾莫亞的一個面向。

梅林（Merlin）：聖哲曼（St Germain）的一個面向；代表土星理事會。

麥達昶立方體（Metatron Cube）：大天使麥達昶的神聖符號，包含揚升的所有神聖幾何結構。

心智操控（Mind control）：嫻熟精通你的念頭，使你能夠操控你的能量場。

單子（Monad）：你的原始神性火花，來自「本源」，你的十二維光；又名你的「我是臨在」（I

AM Presence）。

月亮（Moon）：保有這個宇宙的神聖女性品質。

姆（Mu）：地球上第三個黃金時代，時間在列穆尼亞之前，位於太平洋。

天體的樂音（Music of the Spheres）：恆星與行星運動所產生的和諧聲音。

娜達女士（Nada, Lady）：一位沒有小我的啟明大師，祂是引進神聖智慧的第七道光大師，也是第三道光的「業力之主」。

海王星（Neptune）：擁有更高靈性的行星。

奈潔雷（Nigellay）：已揚升的火星面向，攜帶靈性領導力的品質。

獵戶座（Orion）：已揚升的智慧星座。

神的吐息（out-breath of God）：十個宇宙紀元，涵蓋二十六萬年。

帕拉斯·雅典娜（Pallas Athena）：真理女神，第四道光的「業力之主」，掌管和諧與平衡。

威尼斯人保羅（Paul the Venetian）：亞特蘭提斯黃金時期的大祭司，持有「自由的火焰」（Flame of Freedom）。

彼得大帝（Peter the Great）：第十一道光的「業力之主」，掌管清明、神祕主義、療癒，祂與大自然和動物非常和諧同調。

派特尼姆（Peranium）：地球上的第二個黃金時代，位於非洲。

昴宿星團（Pleiades）：七維的恆星系統，攜帶藍色的心療癒之光。

波賽頓（Poseidon）：亞特蘭提斯黃金時期的大祭司。

觀音（Quan Yin）：亞特蘭提斯黃金時期的高階女祭司，化身在中國兩千年，也是愛的女神。

拉（Ra）：亞特蘭提斯黃金時期的大祭司。

拉柯齊（Rakoczy）：聖哲曼的化身，掌管清明、神祕主義、療癒的第十一道光大師，幫助人類接納不斷改變的能量。

玫瑰十字會（Rosicrucians）：又名Order of the Rosy Cross；「淨光兄弟會」的一支。

錫耶納的聖加大利納（St Catherine of Siena）：第十二道光的「業力之主」，掌管無條件的愛，幫助宗教變得比較靈性。

阿西西的聖嘉勒（St Clare of Assisi）：高階揚升大師，為人類帶來靈性覺知。

聖哲曼（St Germain）：「黃金天秤的守護者」（Keeper of the Golden Scales）兼「文明之主」（Lord of Civilization），也是「紫羅蘭色光束大師」（Master of the Violet Ray），亦即掌管儀式、典禮、魔法的第七道光。

亞維拉的德蘭（St Teresa of Avila）：揚升大師，幫助使宗教團結，迎接新的黃金時代。

聖納・庫瑪拉（Sanat Kumara）：祂已經返回金星，但仍然幫助我們完成揚升過程；祂曾將地球的昆達里尼以男性能量的狀態保存在戈壁沙漠中。二〇〇八年，馬雅長老們將地球的昆達里尼搬遷至南美洲阿蒂特蘭湖（Lake Atitlan）大天使聖德芬的靜修區。

土星（Saturn）：紀律與掌控的行星。

阿努比斯的哨兵（Sentinels of Anubis）：保護阿蒙提大廳中的紀錄。

熾天使（Seraphim）：頻率最高的天使，祂們圍繞著「神格」（Godhead），在創造中歌唱。

瑟若芬娜（Seraphina）：與人類打交道的熾天使，與大天使麥達昶一起掌管星系門戶脈輪，也監督「銀河聯邦訓練學校」（Intergalactic Training Schools）。

瑟若佩斯・貝（Serapis Bey）：亞特蘭提斯黃金時期的大祭司；掌管和諧與平衡的第四道光大師，唯一與熾天使一起工作的大師，白色揚升火焰的守護者（Keeper of the White Ascension Flame）。

賽特（Sett）：亞特蘭提斯黃金時期的大祭司。

銀色光束（Silver Ray）：神聖女性光束。

天狼星（Siruis）：來自天狼星的存有正在引進靈性科技，基督之光以九維頻率被保存在天狼星。它的已揚升部分叫做「拉庫美」（Lakkumay），那裡有一顆「金球」（Golden Globe）以十一維頻率保有基督之光。

所羅門王（Solomon, King）：艾莫亞的一個面向。

靈魂（soul）：你的「高我」（Higher Self），保有你所有的知識與智慧。

獅身人面像（Sphinx, the）：地球的守護者。

靈性階層（spiritual hierarchy）：照顧我們的宇宙的靈性存有。

星際存有（star beings）：居住在恆星世界的乙太存有。

太陽（Sun）：保有神聖男性和快樂幸福的密碼。

瞬間移動（teleportation）：消失並移動到不同地方的能力。

托特（Thoth）：亞特蘭提斯黃金時期的大祭司。

失憶的帷幕（Veil of Amnesia）：七層帷幕，遮蔽我們第三眼，使我們看不見真正的神性。

金星（Venus）：愛的行星，又名「宇宙之心」（Cosmic Hear）。

維納斯女士（Venus, Lady）：亞特蘭提斯時期愛的神殿的高階女祭司，掌管愛的女神。

紫羅蘭火焰（Violet Flame）：聖哲曼與大天使薩基爾持有的紫羅蘭色蛻變火焰。

伏斯盧大師（Vooslo, Lord）：投生在亞特蘭提斯時期頻率最高的大祭司，祂促使亞特蘭提斯文明跳躍轉換，進入黃金時代。祂現在是掌管黃色和諧光束的第九道光大師，這道光於二〇〇一年進入地球，平衡人類的心智與性靈。相較之下，第四道光在紫水晶色和白色振動上帶來和諧與平衡。

白色兄弟會（White Brotherhood）：一群高度進化的教團會社，散發著白光，保有和平與聖潔的祕密，包括卡特里派（Cathars）、德魯伊、艾賽尼派（Essences）、玫瑰十字會等等，屬於「淨光兄弟會」的一部分。

宙斯（Zeus）：亞特蘭提斯黃金時期的大祭司。

國家圖書館出版品預行編目（CIP）資料

黃金未來：預言2032年第五次元的新地球 / 黛安娜．庫珀（Diana Cooper）著；非語譯. -- 初版. -- 新北市：橡實文化出版：大雁出版基地發行，2024.03
面； 公分
譯自：The golden future : what to expect and how to reach the fifth dimension
ISBN 978-626-7441-03-9（平裝）

1.CST: 超心理學 2.CST: 靈修

175.9 113000289

BC1128

黃金未來：預言2032年第五次元的新地球

The Golden Future: What to Expect and How to Reach the Fifth Dimension

作　　者　黛安娜．庫珀（Diana Cooper）
譯　　者　非語
責任編輯　田哲榮
協力編輯　朗慧
封面設計　小草
內頁構成　歐陽碧智
校　　對　蔡昊恩

發 行 人　蘇拾平
總 編 輯　于芝峰
副總編輯　田哲榮
業務發行　王綬晨、邱紹溢、劉文雅
行銷企劃　陳詩婷
出　　版　橡實文化 ACORN Publishing
地址：231030新北市新店區北新路三段207-3號5樓
電話：02-8913-1005　傳真：02-8913-1056
網址：www.acornbooks.com.tw
E-mail信箱：acorn@andbooks.com.tw
發　　行　大雁出版基地
地址：231030新北市新店區北新路三段207-3號5樓
電話：02-8913-1005　傳真：02-8913-1056
讀者服務信箱：andbooks@andbooks.com.tw
劃撥帳號：19983379　戶名：大雁文化事業股份有限公司

印　　刷　中原造像股份有限公司
初版一刷　2024年3月
定　　價　480元
I S B N　978-626-7441-03-9